Kaffeehäuser in Wien

Thomas Martinek

Kaffeehäuser in Wien

Ein Führer durch die Wiener Kaffeehäuser.
Mit über 100 Beschreibungen, zahlreichen
Geheimtips und vielen Fotos

Falter Verlag

ISBN 3-85439-168-4
© 1996 Falter Verlagsgesellschaft m.b.H.
1011 Wien, Marc-Aurel-Straße 9, Telefon 0222/536 60-0
1. Auflage 1990
2. Auflage 1992
3. Auflage 1996

Autor: Thomas Martinek
Gastbeiträge: Elfriede Gerstl, Franz Schuh
Fotos: Christian Fischer, Rainer Dempf
Lektorat: Kirstin Breitenfellner
Grafische Gestaltung: Christof Janitschek
Produktion: Susanne Schwameis
Satz: Falter Satz, 1011 Wien
Druck: Landesverlag, 4020 Linz

Inhalt

Vorwort

Dieses Buch setzt die Reihe der außergewöhnlichen Führer im Falter Verlag fort. Nach einem Rundgang durch die Wiener Friedhöfe und einer Reise zu Österreichs Kellergassen laden wir Sie nun zu einem Besuch der Wiener Kaffeehäuser ein. Der Autor, Thomas Martinek, hat über 100 Cafés besucht, sich über das Angebot an Speisen, Getränken und Zeitungen informiert und seine Eindrücke für Sie zusammengefaßt. Rainer Dempf und Christian Fischer liefern fotografische Einblicke.

Einen Einstieg in das Kaffeehausleben bieten zwei Essays. Die Schriftstellerin Elfriede Gerstl, die jahrelang im Café gelebt und gearbeitet hat, beobachtet, wer heute warum im Kaffeehaus sitzt. Franz Schuh beschäftigt sich mit einem der zentralen Gründe, ins Café zu gehen: dem Zeitunglesen.

Geordnet sind die Kaffeehäuser nach den Wiener Gemeindebezirken und innerhalb dieser alphabetisch. Wenn Sie sich z.B. im 7. Bezirk befinden, haben Sie die Wahl zwischen fünf Cafés in Ihrer unmittelbaren Umgebung. Falls Sie ein bestimmtes Kaffeehaus finden wollen, benutzen Sie das alphabetische Register am Ende des Buches.

Dieser Führer enthält Informationen und Neuentdeckungen für alle, die gerne im Kaffeehaus sitzen, und soll seinen Benutzern die Möglichkeit geben, sich in der Vielzahl und Vielfalt der Wiener Kaffeehäuser zu orientieren. Der Servicecharakter des Buches legte einen weitgehenden Verzicht auf Kaffeehaus-Mythologisches nahe. Die Benützbarkeit steht im Vordergrund.

Zum Geleit

Als man seinerzeit die alten Ringstraßenkaffeehäuser demolierte, um sie durch Bankfilialen zu ersetzen, erblickten darin nicht wenige Wiener eine weitere Episode des vielzitierten Untergangs des Abendlands. Die Literatur hatte damals längst ihren Rückzug aus dem Kaffeehaus begonnen – man merkte es am Fehlen ihres Aromas und an der schleichenden Phantasielosigkeit einer erstarrenden, nur auf das sogenannte „Nützliche" bedachten Ära, die die altehrwürdigen Cafés allenfalls auf schmächtige, kunststoffkalte Espressos verkleinerte. Die Wiederbelebung des Kaffeehauses in unserer Stadt ist eine kulturelle Tatsache; einem hastvollen Zeitgeist trotzend, verdankt es seine Existenz vor allem einer speziellen individualistischen Lebenshaltung, deren Pfade etwa ein Peter Altenberg, Karl Kraus, Anton Kuh, Alfred Polgar oder Friedrich Torberg markieren. Helmut Qualtinger und sein Kreis saßen ebenso im Café wie Oskar Werner, Thomas Bernhard und sein Freund Paul Wittgenstein. Sie alle waren Kaffeehausmenschen par excellence. Unbehelligt von der Zudringlichkeit des Alltags, frequentierten sie, mieselsüchtig oder gutgelaunt, ihre Stammcafés. Gleichzeitig Haupt- wie Nebendarsteller, haben ihre Eigenschaften und kleinen Vorlieben gemeinsam mit dem großen Strom des Publikums die unverwechselbare Atmosphäre des Cafés geprägt.

Oftmals kopiert, aber anderswo kaum erreicht, ist das Wiener Kaffeehaus als Ort, an dem die Pointe und das Bonmot gewissermaßen in Konkurrenz zum Kipferl und zur Melange auftreten, eine unveräußerliche und ebenso unveränderliche Institution, ein Bollwerk der Genußfähigkeit, das alle Stürme unseres Jahrhunderts nicht totzukriegen, alle Umstürze nicht zu zerschmettern vermocht haben, nicht zuletzt auch eine uneinnehmbare Bastion der Käuze und Originale.

Denn das Wiener Kaffeehaus kennt, wie jeder von uns weiß, neben dem typischen Gast mittlerer Kategorie, der erst allmählich zum sogenannten „Herrn Doktor" avancieren muß, was mitunter mühevolle Lebensaufgabe wird, nur eine einzige Autorität – den unangefochten an seiner Spitze präsidierenden, schwarzgekleideten, stets Herr Franz oder Hans genannten gemütvollen Oberkellner. Seinem kritischen Blick, dem nichts entgeht, kommt unter gewissen Umständen bereits die Funktion eines körperlichen Verweises zu – erstmaliges Wacheln mit dem traditionell blütenweißen Hangerl kann womöglich die Einleitung ernsterer Maßnahmen gegen unbotmäßige Kaffeehausgäste ankündigen, zweimaliges Wacheln bedeutet die absolute Ächtung, den Entzug sämtlicher kaffeehausmäßiger Ansprüche.

Die „guten Gäste" in einem Wiener Café zeichnen sich dadurch aus, daß sie niemals und unter keinerlei Umständen gegen die vorgegebene Etikette aufbegehren oder dem Ober gar „Ezzes" geben wollen. Sie bleiben, ganz im Gegenteil, stets bemüht, sein Wohlwollen mittels guter Manieren und diskret verabreichter Trinkgelder zu erheischen. Kurzum, der „gute Gast" beweist immer seine lang geübte Anpassungsfähigkeit, die ihrerseits den milden Stolz des Obers ausmacht. Der sogenannte „gute Gast" wird sich dann auch stets mit dem guten Gefühl aus dem Kaffeehaus verabschieden, wahrhaft Bedeutendes geleistet zu haben, weil er den Leichtsinn scheut, das Kaffeehaus gegebenenfalls zum eigenen Vergnügen aufzusuchen.

Der „schlechte Gast" dagegen bleibt ein Phänomen der Kaffeehausgeschichte, an dem schon die größten Geister gescheitert sind. Betreten nach seinem verschollenen Bohnengetränk Ausschau haltend, das nicht und nicht kommen will, während ringsum alles genußvoll an den Tassen nippt, wird das Unglück des „schlechten Gasts" vollkommen, reklamiert er vielleicht nach einer halben Stunde vergeblichen Wartens völlig deplaciert seine Bestellung. – Eisiges Schweigen. Nicht nur der Befragte, auch sämtliche seiner „guten Gäste" werden ihre Blicke sogleich angewidert abwenden – der Ober, um seine Dominanz anschaulich unter Beweis zu stellen, jene, um sich ihrer wohlerworbenen Privilegien zu erfreuen.

So nimmt im Wiener Kaffeehaus alles seinen schmunzelnden, unabänderlichen Verlauf, den nur der altbekannte Ruf der wohlverdienten Sperrstunde unterbricht, die sich allnächtlich erneuert. Noch Generationen von Kaffeehausgästen werden diesen vernehmen. Nicht zuletzt auch im Hinblick auf sie wünsche ich dem Kaffeehaus, seinen Angestellten und Betreibern sowie allen seinen zahlreichen Freunden, zu welchen auch ich mich zählen darf, weiterhin gute Zeiten und viel Spaß mit diesem Wegweiser durch die Wiener Kaffeehauskultur.

Dr. Michael Häupl
Bürgermeister der Stadt Wien

Die Tradition überleben

Das Kaffeehaus ist trotz Renovierung und Revitalisierung nicht totzu-kriegen. Es boomt, was sonst sollte es. Jeder Hinweis aufs Historische, der verzückt auflistet, was das Kaffeehaus seit k.u.k. Zeiten erlitten und ge-leistet hat, trifft nicht die gegenwärtige Situation, die auch ökonomisch eine ganz andere ist. Theater, Kino, Unterhaltung überhaupt verdanken den momentanen Aufschwung keinen geheimnisvollen Animatoren, sondern dem dickeren Taschengeld der Mittelstandskids und den höhe-ren Gehältern der Eltern. Zudem ist das Kaffeehaus der einzige medien-freie Ort, an dem man sich (von vereinzelten unsäglichen Klavierspielern abgesehen) ungestört über Alltägliches und Ausgefallenes verständigen kann.

Das sogenannte gute Kaffeehaus zeigt nicht die gruppenspezifische Be-grenztheit des Szenetreffs, es weist ein breites, durchaus kleinbürgerlich dominiertes Spektrum auf. Hier sitzen die pensionierten Lehrer, die Be-amten, das Heer der Dienstleistenden, besonders die Kellner aus jeweils anderen Kaffeehäusern. Man erzählt einander von Krankheiten, Kuren, Kränkungen, berichtet von Küsten, Klimazonen, Kaviar und Karenz, die unzähligen Kunststudenten beplaudern Kleidungsstile und Kunstprofes-soren. Die Architektur ist den Besuchern entweder Wurscht oder wird von ihnen murrend ertragen. Zumeist wird vor- und zurückrestauriert, daß es ein Graus ist, stilechte Fünfziger-Jahre-Cafés werden oft genug „modernisiert", indem man sie in das Surrogat eines Irgendwie-Jugend-stilambientes zurückzwingt. Ab und zu gelingt eine Renovierung, im all-gemeinen rechnet man mit der ästhetischen Unempfindlichkeit der Be-sucher, wie auch den Sensibilisierteren dank des Kaffeehaussterbens der sechziger und siebziger Jahre sehr wenig Wahlmöglichkeiten geblieben sind. Ins Kaffeehaus geht man nicht zum Vergnügen. In fünf Prozent der Aufsuchungen hat man was Sachliches zu bereden, fünfundneunzig Pro-zent der Besuche sind gekennzeichnet vom Wunsch, einander nicht besuchen zu müssen, ferner, zu lesen, sich zu beklagen, nicht allein zu sein usw.

Nicht der unwichtigste Aspekt des gegenwärtigen Kaffeehausbooms ist, daß die jungen Leute nicht nur als gute Konsumenten wahrgenommen werden, sondern ihrerseits mit Selbstverständlichkeit den Kaffeehausbesuch in ihren Tagesablauf zwischen Universität, McEhschonwissen, Pizzerias und Diskotheken integriert haben. So hat das Kaffeehaus die Beschwernis seiner Tradition überlebt.

Elfriede Gerstl

Leser im Café

Wer ihn gesehen hat, den Herrn, der weiß, daß überhaupt alle von seiner Art etwas Besonderes sind: Der Herr saß im Café, hielt ganz entschieden die Zeitung vor sich hin, ja, er las genau, denn er war nicht einer von denen, denen was entgehen darf. Aber dennoch sah er im wesentlichen über die Zeitung hinweg, beachtete sie kaum, sah auf sie herab, las sie wie einen Akt, den ihm ein Untergebener mit äußerster Vorsicht und Zurückhaltung auf den Tisch gelegt hatte. Er ließ mit sich nicht spaßen. Das Stirnrunzeln über Tun und Lassen der anderen war in seine ganze Körperhaltung übergegangen. Diese Haltung war stolz und steif abweisend. „Mir nicht nahekommen", sagte sein Körper im Maßanzug, derartig bestimmt, als ob wirklich jemand diese Nähe jemals gewünscht hätte. Vielleicht war es auch einmal so gewesen (everybody loves somebody), aber gemeinhin weiß man, solche Leute wie diesen Herrn hält man sich besser fern; ein Gentleman alter Schule, gewiß, das war er, aber wer weiß heute schon, was in diesen alten Schulen alles gelernt werden mußte. Der Historie kann man entnehmen: wenig Nützliches, viel Schreckliches – wenn es stimmt, daß auch in dieser herrischen Generation fürs Leben und nicht für die Schule gelernt wurde. Jetzt saß er da, mit der Zeitung im Café, und sein stechender Blick spießte unnachgiebig Informationen aus dem Blatt. Übrigens trug der Herr Bart, einen ganz strengen; länglich, viereckig, haargenau gekämmt umrahmte der Bart das glatt-ausdruckslose Gesicht. Es stimmte alles, alles, nur … eines fehlte, aber … was konnte das sein? Ach ja, ein Monokel, ein Monokel fehlte ihm, er hätte es unübertrefflich vors Auge klemmen und von dort wiederum herausspringen lassen können.

Das Besondere seiner Art soll aber nicht die Biographie sein, die man seinesgleichen anhängt, weil man es hier nötig hat, distinguierte Erscheinungen der Rede wert zu finden, und sei es nur der üblen Nachrede. Das Besondere an dem Herrn ist das ganz Gewöhnliche, das heißt: das gewöhnlich Unbeachtete, nämlich daß er im Café Zeitung liest. Zeitungsleser im Café – wer könnte es übersehen? – geben ein schönes Stillleben ab.

Hinten in der Ecke sitzt ein junger Mann; er hält die Zeitung weit von sich, und, als ob sie schwergewichtig wäre, stemmt er sich manchmal in die Höhe. Dabei krümmt er sich, kugelt sich ein bißchen, um mit dem Rückgrat das imaginäre Gewicht der Zeitung auszubalancieren. So bewegt er sich hin und her, aber ohne jemals den Blickkontakt mit den Buchstaben abreißen zu lassen. Das Ganze hat etwas sportlich Leichtes. Der Zeitungshalter schwankt geruhsam in der Zigarettenluft – vielleicht wie ein Mast eines Spielzeugschiffs auf hoher See, bei allerdings ruhigem Seegang. Der junge Mnn nimmt lächelnd zur Kenntnis, was er liest; er ist Narziß und hat es nicht nötig, von außerhalb seiner selbst etwas zu erfahren. Er ist sich selbst genug und verschwendet sich nur heute ein wenig an eine Tageszeitung. Sein Haar, frisch gewaschen und wie absichtsvoll schütter, ist so natürlich geschwungen, als hätte der Wind selbst einige Brisen delegiert, um den jungen Mann die einzig ihm zustehende Frisur zu verpassen.

Nicht alle Stilleben sind gemütlich. In manchen herrscht sogar die Gier: Die Zeitungsleser, die gleichzeitig essen! Ihre Münder folgen dem Lauf der Zeilen, und sie schnappen zwischendurch nach allem, was die Gabel bietet. Sie rollen die Augen, während der Bauch gefüllt wird. Körper, Geist, Mund, Auge – die Gabel wird zum Knotenpunkt. Diese Menschen sitzen vor vollen Tellern, aber es genügt ihnen nicht; sie müssen auch ihren Geist mit Kau- und Verdaubewegungen befassen. Das geht mit Kopfbewegungen zur Gabel hin und von dort wiederum zur Zeitung zurück; Schluß ist erst, wenn alles Gewünschte verschlungen ist und wenn die Esser die Essens- und Zeitungsreste zusammen übriglassen.

Im ungemütlichen Stilleben gibt es auch ihn, nennen wir ihn den politisierenden Professor. Er hält sich die Zeitungsseiten einen Millimeter vors Augenglas. Er kriecht ins Blatt hinein, weil er in Wahrheit viel lieber

aus ihm heraussprechen als in es hineinschauen möchte. Seine Haare sind haarscharf zurückgekämmt, damit ihm kein einziges in die Stirn fallen und seine Lektüre beeinträchtigen kann. Aber er ist, wenn es auch so aussieht, nicht kurzsichtig. Es ist eine andere Berufskrankheit, die auch mitwirkt: Als Professor muß er viel von anderen Professoren abschreiben, und deshalb sieht er sich jedes Wort genau an. Ja, er berührt mit seinem Gesicht die Textseiten, um aus ihnen etwas herauszuspüren, was andere Abschreiber vielleicht übersehen und nicht erfühlt haben. Es ist sein Stil: Seine professionelle Sensibilität läßt er sich auch beim Zeitungslesen nicht nehmen.

Es gibt nicht zuletzt Leser und Sammler. Die Leser und Sammler durchstreifen nomadisch das Café. Sie klauben an Zeitungen zusammen, was sie finden können, und sie häufen ihre Beute in ihren Höhlen auf. Wer vorüberkommt und etwas davon abhaben möchte, der kriegt ein Zähnefletschen ab. Sie sind schlau: Über die Magazine, die jedermann begehrt und die im Café nur in Einzelausgaben existieren, legen sie einen wertlosen Zeitungshaufen. Gegen die Leser und Sammler hilft nur eine Freundschaft mit dem Cafetier. Ihn kann man holen, und er wird dann das gewünschte Blatt dem Leser und Sammler entreißen. Kampfeslärm in archaischer Urszene ist oft die Folge.

Kennen Sie die Fragen „Ist die Zeitung frei?" und die Antwort „Welche Zeitung ist hierzulande schon frei?"? Aber man soll nichts gegen die Zeitungen sagen; sie ermöglichen es, daß man sie in Kaffeehäusern liest und daß über diese Lesungen die wunderbare Welt der Zeitungsleser entsteht, eine Welt mit hübschen, unkontrollierten Posen, die längst schon – wie hier – Gegenstand einer näheren Beobachtung hätten sein sollen.

Franz Schuh

Was ist denn ein Kaffeehaus?

„Im Kaffeehaus sitzen die Leute, die allein sein wollen, aber dazu Gesellschaft brauchen."

Alfred Polgar

Als der bekannte Feuilletonist und Kritiker diesen Satz schrieb, war die Kaffeehauswelt noch heil. Das Griensteidl gehörte dem ehemaligen Apotheker gleichen Namens und war im Palais Dietrichstein beheimatet. Das Central galt als ein verrauchter Treffpunkt der Literaten. Peter Altenberg gab es sogar als seine Postadresse an. Und das Herrenhof beschrieb Milan Dubrovic als ein „weitläufiges, großräumiges Etablissement, dessen Interieur dem Jugendstil nachempfunden war".

War. Denn selbst die großen drei der Wiener Kaffeehausszene der Jahrhundertwende sehen heute anders aus. Das Griensteidl steht mittlerweile im Besitz einer Immobiliengesellschaft der Raiffeisengruppe und wurde erst im Sommer 1990, vollkommen anders gestaltet, in einem neuen Haus am alten Platz eröffnet. Das Central ist ein sauberes, dem Original nachgebautes Lokal mit Restaurantpreisen, in dem sich Banker und Touristen treffen. Und das Herrenhof hat überhaupt seine Identität verloren. Es ist nur mehr ein auf einen kleinen Raum reduziertes Espresso – weshalb es in diesem Führer auch nicht aufgenommen worden ist.

Die Kaffeehäuser haben sich verändert, aber die Gründe, sie zu besuchen, sind die gleichen geblieben. Man will in Ruhe Zeitung lesen, eine Partie Billard oder Schach spielen, sich gemütlich unterhalten – ohne dabei ein komplettes Abendessen verzehren zu müssen. Oder man will einfach schauen, wer da ist und wer nicht, und sich bei dieser Gelegenheit gleich selbst mit dem richtigen Buch in der Hand ein wenig in Szene setzen. Das alles soll dann noch in einem passenden Rahmen geschehen.

Aber wo findet man den heute noch? Wien bietet den Nachkommen der großen Dichter und Denker mittlerweile über 400 Lokale, die die

Bezeichnung Café in ihrem Namen führen. Aber selbst der Inhalt dieses Begriffs unterlag dem zeitlichen Wandel der Mode. Plötzlich steht man dann in einem Kaffeehaus mit riesiger Bar und Diskomusik. Von den über 400 Cafés sind zum Zeitpunkt des Erscheinens dieses Buches gut 100 übriggeblieben, die man wirklich als Kaffeehaus bezeichnen kann. Zum einen nach einem ganz persönlichen, subjektiven Maßstab: Weil sich der Autor nicht scheuen würde, in jedem von ihnen gesehen zu werden. Zum anderen jedoch nach durchwegs handfesten Kriterien.

Die Öffnungszeiten: In einem Kaffeehaus soll man frühstücken können. Das heißt, es muß am Vormittag geöffnet sein. Obgleich es auch dabei Ausnahmen gibt. Das Café Savoy am Naschmarkt beispielsweise hat nur am Samstag vormittag geöffnet. Aber als typischer Treffpunkt der Flohmarktbesucher eignet es sich eben genau an diesem Tag hervorragend für einen morgendlichen Besuch.

Das Zeitungsangebot, die Möglichkeiten, Schach, Billard oder Karten zu spielen: Die Begründung für dieses Kriterium beschrieb Stefan Zweig in „Die Welt von gestern“: „Aber unsere beste Bildungsstätte für alles Neue bleibt das Kaffeehaus. Es ist eigentlich eine Art demokratischer, jedem für eine billige Schale Kaffee zugängiger Klub, wo jeder Gast für diesen kleinen Obolus stundenlang sitzen, diskutieren, schreiben, Karten spielen, seine Post empfangen und vor allem eine unbegrenzte Zahl von Zeitungen und Zeitschriften konsumieren kann."

Einrichtung und Atmosphäre: Dabei handelt es sich ohne Zweifel wieder um ein subjektives Kriterium. Manchen Menschen gefällt ein sauberes, perfekt renoviertes Kaffeehaus besser. Andere ziehen ein etwas verkommenes, aber dafür ursprüngliches Ambiente vor. Der Beschreibung dieses Punktes wurde deshalb in diesem Wiener Kaffeehausführer der meiste Raum gewidmet – in durchaus persönlichem Stil. Aber der (die) Leser(in) wird rasch die Vorliebe des Autors erkennen und kann sich dadurch umso besser ein eigenes Urteil bilden.

Das Publikum: Im Kaffeehaus will man zwar allein sein, das aber in Gesellschaft. Und wie die aussieht, soll dieser Punkt erläutern. Sie werden unter den etwa 100 beschriebenen Kaffeehäusern hoffentlich ein neues finden, das Sie zu Ihrem Zweitwohnsitz machen wollen. Oder Sie entdecken, daß Ihnen Ihr bisheriges Stammcafé doch am besten gefällt. Sollten Sie Zweifel befallen, hat Alfred Polgar ein letztes Kriterium zur Beurteilung parat: „Seit zehn Jahren sitzen die zwei jeden Tag stundenlang, ganz allein, im Kaffeehaus. Das ist eine gute Ehe! Nein, das ist ein gutes Kaffeehaus."

Thomas Martinek

Café Alt Wien

Bäckerstraße 9
Telefon 512 52 22
Montag bis Freitag 10 bis 2 Uhr, Samstag, Sonntag 10 bis 4 Uhr

Zeitungen: österreichische Tageszeitungen, Bild, Le Monde
Speisen & Getränke: Altwiener Suppentopf (öS 35,–), saure Wurst in Kernöl (öS 40,–), kleines Gulasch (öS 45,–)
Einrichtung & Atmosphäre: Untertags führt das Alt Wien ein Schattendasein. Die Kugellampen, die von der Decke hängen, verbreiten diffuses Licht. Nur wenn das Lokal noch spärlich besucht ist, sieht man, daß es sich hier um eine original Wiener Kaffeehauseinrichtung handelt. An den Tischen mit den glänzenden schwarzen Spiegelglasplatten hängen nur wenige Gäste herum. Die Bar in der Mitte des Lokals, das aus zwei

großen Räumen besteht, bleibt meist zur Gänze leer. Nur manchmal wird am Nachmittag der Schutzbezug vom Billardtisch genommen. Der große Deckenventilator steht noch still. Das Leben im Alt Wien beginnt erst, wenn die Sonne untergeht.

Dann jedoch fängt es hier zu kochen an. Ab zehn Uhr hängt die Luft voll Rauch, den der Ventilator nur mühsam durchschneidet. In der Nacht wird das Alt Wien zum Zufluchtsort aller verkannten Philosophen, unentdeckten Dichter und großen, von der Welt noch unbedankten Denker. Helmut Qualtinger hat hier in seinen letzten Jahren noch so manchen Vers zu später Stunde zum besten gegeben.

Das Alt Wien ist ein typisches Kaffeehaus – aber erst während der Nachtzeit oder am frühen Morgen (Nico, Ober und Mitbesitzer, nimmt die Sperrstunde nur selten ernst). Man kann einen ganzen Abend lang allein sein, aber das in Gesellschaft.

Publikum: Im Alt Wien treffen sich all jene, denen das glatte Parkett der innerstädtischen Szenelokale zu schmierig oder zu schwierig ist. Hier herrscht kein Jahrmarkt der Eitelkeiten – zumindest was die äußere Erscheinung betrifft. Man mißt sich an der Zahl der getrunkenen Achtel und den zwar nicht mehr geraden, aber dennoch klug klingenden Sätzen.

Café Altes Stadttheater

Himmelpfortgasse 24
Telefon 512 53 02
Montag bis Freitag 6.30 bis 1 Uhr
Billard, Karten, Würfelpoker

Zeitungen: österreichische Tageszeitungen, Süddeutsche, Neue Zürcher, Münchner Abendzeitung
Speisen & Getränke: Die Karte bietet keine herausragenden Erlebnisse. Mehrere warme Gerichte, z.B. Krautfleckerl (öS 60,–) oder Kalbsleber (öS 100,–).
Einrichtung & Atmosphäre: Nur mehr in einigen Ansätzen ist hier der Stil eines Altwiener Kaffeehauses wiederzufinden. Gerade Linien, viel offener Raum und neumodische Designs prägen den Stil. Trotz des traditi-

onsreichen Namens „Altes Stadttheater" wird hier auf Neuzeit gesetzt. Der Steinboden ist in zartem Rosa gehalten, genauso wie die Wände. Der große rechteckige Raum wird durch dunkelbraune Holzverkleidungen in Nischen unterteilt. Die breiten Bänke sind mit gemustertem Plüsch bezogen. Statt Holz wird lieber Metall verwendet. An den Wänden hängen dreieckige Spiegel, die avantgardistische Architektur darstellen wollen. Mitten im Raum steht ein großer Fernseher. Als einzige Erinnerung an früher hängen alte Ankündigungsplakate für den „Ring des Nibelungen" an den Wänden. Erster Tag: „Die Walküre", zweiter Tag: „Siegfried", dritter Tag: „Götterdämmerung".

Publikum: Während der Mittagszeit bevölkern Geschäftsleute der umliegenden Büros das Lokal. Am Nachmittag und abends wandelt sich das Bild: Damen mit auffallend blondem Haar und tief gebräunter Haut vertreiben sich hier scheinbar gelangweilt die Zeit. Einige unauffällige Gentlemen mit dezentem Goldschmuck am Handgelenk und um den Hals vergnügen sich bei einer Partie Würfelpoker, spielen Karten oder eine Partie Billard.

Café Ball

Ballgasse 5
Telefon 513 17 54
Montag bis Donnerstag 10.30 bis 24 Uhr,
Freitag, Samstag 10.30 bis 2 Uhr, Sonntag 18 bis 23 Uhr

Zeitungen: österreichische Tageszeitungen

Speisen & Getränke: Rund zehn verschiedene Teesorten verspricht die Karte, darunter Jasmin, Vanille, Lemon, Apfel, Wildkirsche, Orange Pekoe oder Earl Grey. Es werden keine Beutel, sondern eine Kanne mit Tee-Ei serviert. Bei den Kaffees ist Irish coffee (öS 90,–) die einzige Spezialiät. Dafür wird ein Zunftkrug Bier (1 Liter) um öS 120,– angeboten. Kleine warme Gerichte reichen von Toast (öS 30,–) über Omeletten (öS 80,–) bis zu Putenfiletsteak (öS 180,–).

Einrichtung & Atmosphäre: In der engen, schmalen Ballgasse übersieht man das Lokal leicht. Es hat nicht die typische Kaffeehausfassade mit hohen Fenstern und großem Eingang mit Windfang, sondern fügt sich unaufdringlich in die Mauer der engen Gasse ein. Betritt man das Ball durch die kleine Tür, steht man in einem dunklen, länglichen Raum. Das niedrige Gewölbe erinnert mehr an einen Weinkeller. Die eigentliche Kaffeehausatmosphäre versuchen die kleinen Tischchen mit hellen, runden Marmorplatten und die dunkle Holztäfelung zu vermitteln. Auch der Steinfußboden aus schwarzen und weißen Karos macht den kleinen Raum zum Café. Das Ball ist sicherlich kein Kaffeehaus im traditionellen Sinn. Es lädt, trotz Zeitungsangebot, nicht zum gemütlichen Verweilen ein. Eher trinkt man hier einen schnellen Espresso und überfliegt die Neuigkeiten.

Publikum: Während der Mittagszeit ist das Ball eher ein Ort für einen schnellen Imbiß zwischendurch. Erst am Abend erwacht es zum Leben, wenn die Besucher der umliegenden Stehbars auch einmal einen Ort zur ruhigeren Unterhaltung und zum Durchatmen suchen.

Bawag-Café

Tuchlauben 5
Telefon 534 53-2606
Montag bis Sonntag 8 bis 20 Uhr

Zeitungen: österreichische Tageszeitungen, profil, Spiegel
Speisen & Getränke: Wiener Frühstück mit Ei (öS 72,–), Mehlspeisen (öS 35,–), täglich wechselnde kleine Karte (öS 75,– bis öS 120,–)
Einrichtung & Atmosphäre: Das Bawag-Café repräsentiert ganz den Stil der österreichischen Gewerkschaftsbank: modern, nicht zu aufdringlich, schlicht, aber auch nicht billig, einfach der gepflegte Mittelstand, den die Sozialdemokratie geschaffen hat. Und natürlich gibt man sich auch kunstverbunden. Linker Hand vom Eingang befindet sich die Kunstgalerie der Bawag. In einem kleinen Ausstellungsraum zeigt die Bank der Arbeiter, daß sie sich auch der Förderung der Kunst verschrieben hat. Noch deutlicher wird diese fortschrittliche Gesinnung in der Fußgängerzone vor dem Café demonstriert: Besucher und Passanten müssen unübersehbaren Skulpturen zeitgenössischer Künstler ausweichen. Das größte Plus des Bawag-Cafés befindet sich ebenfalls auf der Straße: ein großer Schanigarten mit gemütlichen Korbsesseln, in dem man im Sommer leider nur schwer einen Platz findet.

Das Café selber bietet im Inneren ausreichend Platz. Das obere Stockwerk ist meist wenig frequentiert und wird daher gerne für kleinere, intime Besprechungen verwendet.

Publikum: Hier trifft sich ein vollkommen gemischtes Kaffeehauspublikum. Geschäftsleute der Innenstadt (auch von den Konkurrenzbanken), Touristen und Innenstadtbesucher kehren hier gerne auf eine Melange und einen Apfelstrudel ein.

Bellaria

Bellariastraße 6
Telefon 523 53 20
Montag bis Freitag 7 bis 2 Uhr, Samstag und Sonntag 8 bis 2 Uhr

Einrichtung & Atmosphäre: Das Kaffee Bellaria erstrahlt in frisch renoviertem Glanz. Und möchte das auch nicht verbergen. Hier zeigt man selbstbewußt, daß es sich um ein vollkommen neu gestaltetes Kaffeehaus handelt. Dennoch gelingt es hervorragend, mit einem komplett neuen Interieur an die große alte Tradition der Kaffeehausarchitektur anzuschließen. Die Besitzer haben bewußt auf Detail- und Originaltreue verzichtet. Nur die großen Eckpfeiler des Stils der Jahrhundertwende wurden beibehalten.

Das Bellaria ist ein großes Eckkaffee im klassischen Stil. Im kürzeren Teil des L-förmigen Grundrisses dominiert ein großer Kuppelsaal. Von der in Pastellblau und Gold gehaltenenen halbkugelförmigen Decke hängt ein pompöser Kristalluster. Die Wand wird von einer Vitrine mit einer beachtlichen Gläsersammlung verkleidet. Das Ende das längeren Raums bildet eine durch Niveauunterschied und Rundbögen vom restlichen Kaffee abgetrennte Galerie.

Im Bellaria dominiert die Frische und Sauberkeit eines vornehmen Hauses. Das ist auch erklärbar, schließlich liegt es zwischen Kunsthistorischem Museum und Justizpalast.

Publikum: Am Wochenende gepflegtes Bürgertum. Unter der Woche gehobene Ministerialbeamte und Parlamentarier.

Café Bräunerhof

Stallburggasse 2
Telefon 512 38 93
Montag bis Freitag 7.30 bis 19.30 Uhr, Samstag 7.30 bis 18 Uhr,
Sonntag 10 bis 18 Uhr
Samstag, Sonntag, Feiertag 15 bis 18 Uhr; Konzertmusik

Zeitungen: österreichische Tageszeitungen, Weltwoche, Süddeutsche, Frankfurter Rundschau, La Repubblica, Corriere della Sera, Le Figaro, Libération, The Guardian, Sunday Express, Herald Tribune, The Times, Nepsebadsac

Speisen & Getränke: Wiener Frühstück (öS 45,–); diverse Kaffeespezialitäten, z.B. Mazzagran (öS 55,–), Maria Theresia (Orangenlikör und Schlag, öS 58,–), Irish coffee (öS 70,–); frische Mehlspeisen; Tagesmenü (öS 70,–); warme Hauptspeisen: Schinkenomelette (öS 60,–), Wiener Schnitzel (öS 110,–), Tafelspitz (öS 120,–)

Einrichtung & Atmosphäre: Von außen ist das Bräunerhof nicht sofort als Kaffeehaus erkennbar. Die Fassade aus kleinen gelben Fliesen und die auslagenähnlichen Fenster fügen sich harmonisch in die Geschäftsportale der umliegenden Antiquitätenläden. Tritt man durch den schmalen Windfang, öffnet sich dem Besucher ein großer, fast hallenartiger Raum. Nur zwei Säulen geben dem Bräunerhof eine sanfte architektonische Raumteilung. Sonst erfolgt die Gliederung durch die Bankreihen, die sich durch das gesamte Kaffeehaus ziehen. Jeder sieht jeden. Aber schon Peter Altenberg hat Kaffeehausbesucher als die Leute beschrieben, „die allein sein wollen, aber dazu Gesellschaft brauchen".

Vor interessierten, neugierigen Blicken kann man sich nur durch vorgehaltene Zeitungen schützen. Derer gibt es genug im Bräunerhof. Es ist das Kaffeehaus mit dem weitaus größten Angebot an ausländischen Tageszeitungen in Wien.

Das Bräunerhof präsentiert sich noch mit der gleichen Einrichtung wie zur Zeit seiner vielen Stammgäste mit berühmten Namen. Alfred Polgar, Hugo von Hofmannsthal oder die Operndiva Maria Jeritza gingen hier ein und aus. Die gelben Wände und die Decke wirken schon leicht verstaubt. Die ellipsenförmigen Spiegel an den Wänden und die Schank aus Kirschholz glänzen hingegen wie neu poliert. Thomas Bernhard, der ewige Kritiker und gleichzeitige Liebhaber der Wiener Kulturszene hat in Wittgensteins Neffe über das Café geschrieben: „Das typische Wiener Café, das in der ganzen Welt berühmt ist, habe ich immer gehaßt, weil alles in ihm gegen mich ist. Andererseits fühlte ich mich jahrzehntelang, gerade im Bräunerhof, das immer ganz gegen mich gewesen ist (wie das Hawelka), wie zu Hause, wie im Café Museum, wie in anderen Kaffeehäusern von Wien."

Publikum: „Unsere Gäste bestimmen das Niveau", schreibt das Bräunerhof in seiner Speisekarte. Auf der intellektuellen Ebene versuchen seine Besucher das Ihre dazu beizutragen: Das Café ist täglich voll mit ständig Zeitungen oder Bücher lesenden Menschen, die in Ruhe gelassen werden wollen, das aber in Gesellschaft.

Café Central

Herrengasse 14
Telefon 533 37 63-0 oder 535 41 76-0
Montag bis Samstag 8 bis 22 Uhr

Zeitungen: österreichische Tageszeitungen, Neue Zürcher, Die Welt, FAZ, Herald Tribune

Speisen & Getränke: mehrere Wiener und andere Kaffeespezialitäten wie Mazzagran (kalter Schwarzer mit Maraschino, öS 58,–) oder Pharisäer (Schwarzer mit Rum, Zucker und Schlag); kalte Imbisse: belegte Brote (öS 55,–), griechischer Bauernsalat (öS 102,–); hausgemachte Mehlspeisen (öS 30,– bis öS 40,–); mittags bis abends warme Küche, zum Beispiel Tafelspitz (öS 175,–) oder Wiener Schnitzel mit Salat (öS 185,–)

Einrichtung & Atmosphäre: Das Café Central liegt in dem 1865 vom Architekten Heinrich Ferstel erbauten ehemaligen Bank- und Börsengebäude. 1876 etablierte sich im Erdgeschoß das vielzitierte „Stammlokal der literarischen Welt im ersten Bezirk".

Heute ist das Central nur mehr ein Abklatsch dessen, was es einmal war. Auch von den Räumlichkeiten her läßt es sich nicht mehr mit dem ehemaligen Café vergleichen. Das Herz des alten Central war der mehrstöckige, gewölbeartige Saal, eine Art Hof mit Oberlicht. Heute endet hier die noble Einkaufspassage des Palais Ferstel. In diesem Teil hatten früher Künstler und Literaten ihre Stammtische. Der Dichter Peter Altenberg, wird gerne erzählt, führte das Central sogar als seine Wohnadresse an. Um ihn scharten sich Adolf Loos, Egon Friedell und Alfred Polgar. Auch Karl Kraus hatte hier seinen Stammtisch. Die jungen Literaten Franz Blei, Anton Kuh und Franz Werfel gingen im Central ein und aus. Es war für sie zugleich Ort der Selbstdarstellung in philosophischen und literarischen Diskussionen als auch der Platz, an den sie sich zurückziehen konnten, ohne wirklich alleine zu sein. Ein Teil des alten Central ist 1986 wiederaufgebaut worden. Bei der Reno-

vierung wurde kein Aufwand gescheut. Die aus zahlreichen kleinen Kuppeln bestehende Decke wurde, entsprechend dem venezianischen Stil des Palais, mit reichen Verzierungen bemalt, die zarten hohen Säulen in der Mitte des Saals glänzen wieder frisch poliert, genauso der Parkettboden. Durch die hohen Fenster dringt helles Licht in den Raum.

Als das Central noch von Dichtern, Malern und Bildhauern besucht wurde und stets mehr oder weniger große Gedanken im Raum hingen, soll dieser Saal düster und rauchverhangen gewesen sein. Heute weist ein Schild an der Tür mit der Aufschrift „Air Condition" darauf hin, daß hier nichts mehr in der Luft schwebt.

Publikum: Die Geschäftleute der umliegenden Banken besuchen heute gerne das gepflegte Kaffeehaus. Hofratswitwen oder pensionierte Kommerzial- und Kanzleiräte lauschen am Sonntag nachmittag gerne dem Klavierspiel, lesen Zeitungen und träumen von den guten alten Zeiten. Auch traditionsbewußte Jugendliche, die eine anständige Atmosphäre für ihre Treffen suchen, findet man hier häufig.

Café Diglas

Wollzeile 10
Telefon 512 84 01
Montag bis Samstag 7 bis 23.30 Uhr, Sonntag 18 bis 23.30 Uhr

Zeitungen: österreichische Tageszeitungen, Weltwoche, FAZ, Neue Zürcher, Spiegel

Speisen & Getränke: Teetrinker können unter zehn verschiedenen Sorten wählen. Es werden keine Säckchen serviert, sondern große Tassen mit heißem Wasser und einem Tee-Ei. Statt Kristallzucker erhält man braunen Rohrzucker. Bei den Kaffees sind alle Wiener Spezialitäten auf der Karte zu finden: Kaisermelange (mit Eidotter, Honig und Schlagobers), Maria Theresia (mit Orangenlikör und Schlagobers), Franziskaner (mit viel Milch und Schlag), Fiaker (Verlängerter mit Rum und Schlagobers), Biedermeier (großer Brauner mit Biedermeierlikör), Irish coffee. Preise zwischen öS 38,– und öS 60,–. Trotz betonter Pflege der Tradition wird Joghurt und „Fru Fru" (Sauermilch mit Marmelade) aus dem Glas angeboten. Hausgemachte Mehlspeisen, zu Mittag warme Küche, zum Beispiel gratinierte Fleischpalatschinken (öS 72,–) oder Brathuhn mit Gemüse (öS 87,–).

Einrichtung & Atmosphäre: Das Diglas präsentiert sich heute wieder als gefühlvoll renoviertes Biedermeiercafé. Bis 1988 war es ein Restaurant mit angeschlossenem Heurigenbetrieb. Bei der Wiederbelebung des 1923 eröffneten Kaffeehauses wurde auf Detailtreue Wert gelegt, ohne aber das Lokal dadurch zu Tode zu restaurieren. Der Boden aus hellen Steinfliesen harmoniert mit den Marmorplatten der Tische und Fensterbänke. Die Wände sind mit dunklem Teakholz getäfelt. Bänke und Stühle wurden mit burgunderrotem Plüsch überzogen. Auch bei kleinen Einzelheiten wird kein Stilbruch begangen: Die Kleiderständer aus Messing entsprechen dem Stil der Jahrhundertwende. Und selbst die Fensterbeschläge sind denen der Epoche nachempfunden. Samoware und Messingtöpfe mit Grün-

pflanzen lockern die Atmosphäre auf. Die riesige alte Registrierkasse auf der Schank ist jedoch nur Attrappe. Boniert wird von den „Fräuleins" in schwarzem Rock und weißer Bluse auf einer modernen Computerkassa, deren aufdringliches Piepsen die gedämpfte Kaffeehausstimmung etwas stört.

Publikum: Eine so große Schar von Stammgästen mit prominenten Namen, wie sie das Diglas einst bevölkerte, konnte bis jetzt noch nicht wieder angelockt werden. Bundeskanzler Schuschnigg soll hier gerne seinen Kaffee getrunken haben. Auch der Namen Karl Farkas' und Heimito von Doderers rühmt sich das Diglas heute noch gerne. Jetzt schlürfen vornehme ältere Damen hier ihre Kaisermelange. Leicht angegraute Herren, stets mit Krawatte – denn man ist immer noch vornehm im renovierten Kaffeehaus –, lesen ihre „Presse". Auch die jungen Gäste des Diglas legen viel Wert auf große Namen. Lacoste, Gucci oder Valentino stehen dabei jedoch mehr im Vordergrund. Ein Café der Künstler und Intellektuellen ist das Diglas nicht mehr.

Dom Café

Stephansplatz 9
Telefon 53 40 50
Montag bis Sonntag 10.30 bis 22 Uhr

Zeitungen: österreichische Tageszeitungen, Corriere della Sera, FAZ, Herald Tribune, Daily Mail, Neue Zürcher, Le Figaro

Speisen & Getränke: Schinken-Käse-Toast (öS 38,–), Geflügelsalat (öS 58,–), Lachs mit Toast und Butter (öS 125,–), Roastbeef mit Sauce tatare (öS 125,–)

Einrichtung & Atmosphäre: Gegenüber vom Riesentor des Stephansturms liegt der Eingang zum Dom Café. Über eine Treppe gelangt man in die im ersten Stock gelegenen Räume des Lokals. Gut 50 Tische finden in dem großen, weiträumigen Café Platz. Es strahlt die unaufregend neutrale Atmosphäre einer großen Hotelhalle aus. Schließlich ist es das ja auch. Das Dom Café gehört zum Hotel am Stephansplatz.
In der Früh wird hier den Hotelgästen Frühstück serviert. Und ab halb elf dürfen auch andere Gäste aus dem ersten Stock einen Blick auf den Dom und den Platz davor werfen. Dabei sieht man aber nicht allzuviel. Der Abstand zwischen den großen Fenstern des Cafés und der hoch aufragenden Stephanskirche ist einfach zu gering. Man hat nur eine graue Mauer im Blick.

Die Einrichtung des Cafés ist nicht viel aufregender. Viel heller Marmor, schwere Vorhänge und Palmen, und das alles auf hochflorigem Bodenbelag, der alle Geräusche schluckt, schaffen die Atmosphäre internationaler Hotels, in denen sich jeder wohl, aber niemand zu Hause fühlt.

Publikum: Hier ist man versucht, sein Deutsch zu Hause zu lassen. Die Gäste sind, da zum Großteil aus dem angeschlossenen Hotel stammend, international. Und der freundliche schwarze Ober spricht nun einmal auch lieber seine Muttersprache.

Café Engländer

Postgasse 2
Telefon 512 27 34
Montag bis Samstag 8 bis 2 Uhr, Sonntag und Feiertag 10 bis 2 Uhr

Zeitungen: österreichische Tageszeitungen, Neue Zürcher, Herald Tribune, The Guardian, Le Monde

Speisen & Getränke: bunte Salatschüssel (öS 78,–), Karfiol mit Käse überbacken (öS 70,–), Polenta (öS 78,–), Kalbsmedaillons in Früchtecurry und Buttererbsen (öS 150,–), Filetsteak mit Speckfisolen und Butterkartoffeln (öS 220,–)

Einrichtung & Atmosphäre: Sie war eine wunderschöne Frau, schlank und zart, mit braunem Haar und Mandelaugen. Groß und aufrecht blickt sie von dem Ölbildnis auf das Lokal, das ihr einmal gehörte und dem sie heute wieder seinen Namen gibt. Salomé Engländer, Frau des

Engländer-Ferdl, eines sympathischen Taugenichts, von dem es heißt, daß er in seinem Leben nur ein halbes Jahr gearbeitet habe. So lange soll er gebraucht haben, um die feinen Unterschiede auf der Rückseite der Spielkarten auswendig zu lernen.

Die beiden würden Gefallen daran finden, wie sich das Café heute präsentiert. Das ehemalige Café Windhaag wurde von den beiden Szenegastronomen Attila Corbaci und Christian Wukonigg sanft aus seinem Dornröschenschlaf geweckt. Pate gestanden hat wieder einmal Kurt Kalb. Seine beratende Handschrift ist deutlich spürbar. Viele Teile der alten Originaleinrichtung wurden belassen, wie sie waren, da und dort vielleicht ein wenig restauriert. Wo die ursprüngliche Einrichtung nicht überzeugte, erneuerte man mit viel Geschmack. Statt der Blümchentapeten wurden die Wände ihn zartem Rosa oder Gelb gestrichen. Die Polsterbezüge sind zum Teil durch feinstes Leder ersetzt worden. Und bei den Wand- und Deckenleuchten wurde auf Entwürfe von Adolf Loos zurückgegriffen.

Die beiden ovalen Säulen, die den etwas tiefer gelegenen Teil des Lokals vom Barbereich trennen, bilden den Rahmen für einen purpurroten Vorhang. Das paßt sehr schön. Denn hier, auf der leicht erhabenen Empore, findet allabendlich ein großes Schauspiel statt: Sehen und Gesehenwerden. Der Engländer ist eindeutig „the hottest place in town".

Publikum: Wenigstens einmal in der Woche, meistens öfter, manchmal sogar täglich sind sie alle da: die jungen Aufsteiger aus der Welt der Banken, Kultur und Medien. Egal, ob sie gerade erst in die Szene hineingewachsen sind oder sich schon seit Jahren in ihr herumtreiben, das Engländer ist das Lokal, wo man sich trifft. Abends im Brodeln der Menge, während des Tages in der Ruhe des Alleinseins oder in kleinen Gruppen.

Café de l'Europe

Graben 31
Telefon 533 10 52
Montag bis Sonntag 7.30 bis 24 Uhr
im Sommer Schanigarten

Zeitungen: keine

Speisen & Getränke: zwei täglich wechselnde Mittagsmenüs (öS 60,– bis öS 70,–); beschränktes Angebot kleiner warmer und kalter Gerichte: Toast (öS 27,–), Schinkenrolle (öS 37,–), Shrimpscocktail (öS 78,–); hausgemachte Mehlspeisen (öS 25,– bis öS 40,–); großes Getränkeangebot: diverse Weine, Whiskies, Brände, Schnäpse, Cocktails (öS 50,– bis öS 100,–)

Einrichtung & Atmosphäre: Das de l'Europe ist ein wunderschönes Café mit Espresso im Originalstil der 50er Jahre. Die Räume sind auf zwei Stockwerke verteilt. Im ebenerdig gelegenen Teil herrscht Espressoatmosphäre. Kleine Tischchen in der Höhe eines Bartresens erlauben höchstens einen schnellen Kaffee im Stehen. Aber selbst in den bequemen, mit rotem oder schwarzem Leder bezogenen Sesseln im hinteren Teil des Espressos findet man kaum Ruhe. Eine Seite des de l'Europe geht zum Graben hin, die andere grenzt an eine Einkaufspassage, und die Wände in beiden Richtungen bestehen nur aus Glas. Man steht oder sitzt praktisch voll im Einkaufstrubel der Innenstadt.

Über eine breite, geschwungene Treppe mit zierlichem Metallgeländer gelangt man in den ersten Stock. Auch hier dominieren rote und schwarze Lederbezüge. Die dunkle Holzvertäfelung schafft aber Kaffeehausatmosphäre. Man sitzt in kleinen Fauteuils mit stark geschwungenen Lehnen. An den Seiten- und Rückenteilen ist das Leder mit den in den 50ern unvermeidlichen Nieten beschlagen. Der kleine Raum wird in der Längsrichtung durch eine Reihe von metallenen Pflanzenkästchen (richtig, in Schwarz und Rot!) geteilt. Man sitzt mit dem Gast vom Nebentisch Schulter an Schulter, nur durch einige Grünpflanzen getrennt.

Im zweiten Stock herrscht ruhige Atmosphäre vor. Man blickt abgehoben vom hektischen Treiben durch die große Glasfront auf die schnell dahineilenden Menschen am Graben oder schaut auf den genau vis-à-vis gelegenen traditionsreichen Herrenausstatter E. Braun & Co.

Publikum: Mittags nehmen vorwiegend Geschäftsleute hier ihren Lunch ein. Nachmittags und abends wird das de l'Europe vorwiegend von Gästen besucht, die sich gerne an die 50er Jahre zurückerinnern. Der Herausgeber eines großen Wirtschaftsmagazins trinkt hier gelegentlich einen Whisky. Zum Teil finden auch jüngere Gäste Gefallen an diesem Stil.

Café Frauenhuber

Himmelpfortgasse 6
Telefon 512 43 23
Montag bis Freitag 8 bis 23 Uhr, Samstag 8 bis 16 Uhr

Zeitungen: österreichische Tageszeitungen, Neue Zürcher, Süddeutsche
Speisen & Getränke: komplettes Restaurantangebot mit größerer Auswahl
fertiger Speisen, z.B. Eiernockerl mit Salat (öS 55,–); Hortobagyi-Fleischpa-
latschinken (öS 65,–) oder Tafelspitz (öS 120,–); frische Gerichte, z.B. Hir-
tenspieß, Rumpsteak, von öS 80,– bis öS 150,–; hausgemachte Mehlspeisen
Einrichtung & Atmosphäre: Das Frauenhuber glänzt als eines der wenigen
Kaffeehäuser mit Parkettboden. Teppiche lassen Wohnzimmeratmosphäre
aufkommen, die durch das Gewölbe in Kreuzbogenform noch verstärkt
wird. In Vitrinen im Biedermeierstil wird Porzellan und Silbergeschirr aufbewahrt.

Die mit rotem Plüsch bezogenen Bänke sehen auf den ersten Blick recht
einladend und bequem aus. Die hohen, vollkommen senkrechten Lehnen
zwingen aber zu einer militärisch aufrechten Haltung des Oberkörpers. Was
durchaus zur Geschichte des Frauenhuber paßt: Das älteste noch existieren-
de Kaffeehaus Wiens (eröffnet am 18. Oktober 1824) war schon vor der
Jahrhundertwende der bevorzugte Aufenthaltsort von in den Ruhestand
versetzten Militärs und Beamten.

Publikum: Die Art der Gäste hat sich bis heute wenig geändert. Beamte,
Sektionschefs, Ministerialräte der umliegenden Ministerien (Finanzen,
Familie und Umweltschutz) frequentieren das Frauenhuber immer noch am
häufigsten. Daß es sich bei ihnen um pensionierte Staatsdiener handelt, die
während des Tages hier die Zeitungen studieren, wird nur von den Touristen
unter den Kaffeehausbesuchern angenommen. Um die Mittagszeit und am
frühen Abend mischen sich Schüler und Studenten unter die beamteten
Gäste.

Café Griensteidl

Michaelerplatz 2
Telefon 535 26 92
Montag bis Sonntag 8 bis 24 Uhr

Zeitungen: österreichische Tageszeitungen, Le Monde, The Times, Neue Zürcher, FAZ, Süddeutsche

Speisen & Getränke: kalte Imbisse vom Rohkostteller mit Kräuterrahm (öS 39,–) bis zu geräucherten Lachsscheiben auf Toast (öS 145,–); diverse Suppen (öS 30,– bis öS 45,–); großes Angebot an Hauptspeisen, z.B. Kalbsbeuschel mit Serviettenknödel (öS 78,–), Kalbsmedaillons mit Calvadosschaum und Spinatnudeln (öS 205,–), Filetsteak mit Gemüsebouquet und Folienkartoffel (öS 195,–); große Weinkarte, darunter Bouteillen von Jurtschitsch und anderen hervorragenden Weingütern (öS 190,– bis öS 272,–); Kaffeespezialitäten: Maria Theresia (Mocca, Orangenlikör und Schlagobers, öS 44,–), Fiaker (Mocca, Kirschwasser und Kaffeeobers, öS 46,–); sechs verschiedene Teesorten, in der Kanne frisch aufgebrüht (öS 38,–); Whiskies, Cognacs, Weinbrände und Schnäpse (öS 40,– bis öS 165,–)

Einrichtung & Atmosphäre: Der ehemalige Apotheker Heinrich Griensteidl eröffnete 1847 ein Kaffeehaus im Palais Dietrichstein. Als Cafetier hatte er mehr Erfolg denn als Pillenverkäufer. Sein Name steht bis heute für das klassische Wiener Künstlercafé. Schon bald nach seiner Gründung wurde das Griensteidl zum Treffpunkt der Literaten. Hermann Bahr, Hugo von Hofmannsthal, Arthur Schnitzler oder Karl Kraus waren seine Stammgäste. Die Komponisten Hugo Wolf und Arnold Schönberg gingen im Griensteidl ein und aus. 1848 wurde es in „Café National" umbenannt, 1897 mußte es der Gewalt weichen: Das alte Haus wurde abgerissen und mit ihm das Griensteidl. Das Palais Herberstein wurde erbaut, und die Künstler mußten sich eine neue Heimstätte suchen. In dem

Ein Genuß in der Schale

SANTORA-KAFFEE

Kaffee- und Tee-Import
Liebhartsgasse 55–57
A-1160 Wien
Tel.: 0222/404 18- 0
Fax: 0222/404 18-54

zum Michaelerplatz spitz zulaufenden Gebäude war in der jüngsten Vergangenheit eine Filiale der Raiffeisen Zentralbank (früher Genossen-
schaftliche Zentralbank) untergebracht. Im Frühjahr 1990 zog die libera-
le Tageszeitung „Der Standard" in das ehemalige Bankhaus ein.

Und damit sollte auch das traditionsreiche Kaffeehaus wieder aufer-
stehen. „Die ‚Legende Griensteidl' wurde wieder zum Leben erweckt",
heißt es in einem Vorwort zur Speisekarte. Der Name prangt seit dem
Sommer 1990 in großen Leuchtbuchstaben wieder an dem Ort, wo die
Legende noch immer ruht. Von der Atmosphäre eines original Wiener
Kaffeehauses ist im neuen Griensteidl nichts mehr zu spüren, von dem
Flair eines Künstlercafés ganz zu schweigen. Die schwarzen Holzrahmen
der hohen Rundbögenfenster und der Windfang des Eingangs sind von
einer lieblosen Einfachheit, wie sie nur in industriellen Großbetrieben
zustande kommen kann. Alle Elemente, aus denen ein Wiener Kaffeehaus besteht (roter Plüschbezug der Bänke, Zeitungsständer, kleine Marmortischchen und ähnliches), sind zwar vorhanden, sie könnten aber in
ihrer Schlichtheit und von den verwendeten Materialien her genausogut
aus dem Katalog eines Großeinrichtungshauses stammen.

Publikum: Natürlich geben die – zwangsläufig – das Griensteidl fre-
quentierenden Journalisten und Mitarbeiter des „Standard" dem Lokal
einen medialen Anstrich, was von den übrigen Gästen aber mühelos kor-
rigiert wird.

Café Haag

Schottengasse 2
Telefon 533 18 10
Montag bis Freitag 7 bis 22 Uhr, Samstag 8 bis 20 Uhr,
Sonntag 10 bis 20 Uhr (im Juni, Juli und August sonntags geschlossen)
im Sommer Schanigarten

Zeitungen: österreichische Tageszeitungen, Süddeutsche, Neue Zürcher, FAZ, Le Monde, Daily Mail, Spiegel

Speisen & Getränke: ganztägig kleine kalte und warme Gerichte, zum Beispiel Schinkenrolle (öS 26,–) oder Bratwürstel (öS 65,–); zu Mittag warme Küche: Haag Steak garniert (öS 130,–), Wiener Schnitzel (öS 87,–), Rumpsteak (öS 130,–)

Einrichtung & Atmosphäre: Das weitläufige Kaffeehaus liegt in einem Teil des Schottenhofs. Hier hatten einst irische Mönche ihr Kloster. Von den Wienern wurden sie fälschlicherweise als Schotten bezeichnet – und seither führt dort jede Ecke der Umgebung diesen Namen: Schottenbastei, Schottentor und so weiter.

Die niedrige Gewölbedecke des Cafés erinnert noch an die ursprüngliche Funktion des Haag. Im 16. Jahrhundert war es ein beliebter Einkehrgasthof der Postkutscher. Zu Beginn des 20. Jahrhunderts wurde das Haag zu einem original Wiener Kaffeehaus, das es bis heute noch ist. Der rote Plüschbezug der Bänke ist schon etwas abgestoßen. Auch das Korbgeflecht in den Lehnen der Stühle hat einige brüchige Stellen.

Das Haag ist keines der Wiener Kaffeehäuser mit großer Tradition. Es kann nicht mit bekannten Namen früherer Gäste aufwarten, die es zu ihrem zweiten Wohnzimmer machten. Dafür stammt der Schottenhof, in dem es liegt, von dem berühmten Architekten Josef Kornhäusel. Der Vertreter des Klassizismus erbaute auch den nach ihm benannten Turm beim Aufgang vom Fleischmarkt zur Judengasse. Im Schottenhof lebte

„FAST" GEFRÜHSTÜCKT IST HALB GEFRÜHSTÜCKT

Frühstück ist Kultur

IHRE WIENER KAFFEEHÄUSER,
Kaffeesieder, Kaffeerestaurants,
Kaffeekonditoreien, Espressos und die Neuen Cafés

lange Zeit hindurch auch Heinrich Ferstel, der Erbauer des Palais an der Freyung, in dem das Café Central untergebracht ist.

Publikum: Das Café Haag liegt in unmittelbarer Nähe der Universität, des Juridicums und des Schottengymnasiums. Demzufolge besteht sein Publikum größtenteils aus Schülern, Studenten und akademischem Mittelbau. Heute ist das Haag eines der wenigen im Originalzustand belassenen Wiener Cafés, die gerade deshalb besonders reizvoll sind.

Haas & Haas

Stephansplatz 4
Telefon 513 19 16
Montag bis Freitag 9 bis 20.30 Uhr, Samstag 9 bis 15 Uhr,
langer Samstag bis 18 Uhr

Zeitungen: österreichische Tageszeitungen
Speisen & Getränke: Frühstückspezialitäten: Sekt-, englisches, vegetarisches und Müslifrühstück (je öS 95,–); Mehlspeisen (öS 45,–); kleine Spezialitätenkarte (öS 75,– bis öS 120,–); zahlreiche Teesorten
Einrichtung & Atmosphäre: Von außen würde man das Haas & Haas nur schwer als Kaffeehaus erkennen. Der kleine Eingang hinter dem Stephansdom führt jedoch zu einer ruhigen Oase für die Sommerzeit: In einem schönen Innenhof befindet sich unter einem großen Zeltdach ein wunderbarer Schanigarten. Hier kann man sich während der heißen Jahreszeit in kühlem Schatten von der hektischen Innenstadtatmosphäre erholen. Aber auch im Winter bieten die kleinen, verwinkelten Räume des Kaffee- und Teehauses eine entspannende Atmosphäre.
Publikum: Hier trifft sich die gepflegte Wiener Gesellschaft, die sich vor dem lauten Trubel und dem Zwang zum Sehen und Gesehenwerden abschirmen möchte.

Café Hartauer

Riemergasse 9
Telefon 512 89 81
Montag bis Freitag 8 bis 2 Uhr, Samstag 17 bis 2 Uhr

Zeitungen: österreichische Tageszeitungen
Speisen & Getränke: Thunfischsalat (öS 50,–), Käsespätzle (öS 80,–),
Wiener Schnitzel (öS 95,–) Pariser Schnitzel (öS 120,–)
Einrichtung & Atmosphäre: In den meisten Cafés findet man Freunde
des geschriebenen oder gesprochenen Wortes. Im Hartauer ist das anders.
Dort findet man keine Freunde, vielmehr glühende Verehrer – aber nicht
des Wortes, sondern der Stimme.

Das Kaffeehaus in der Riemergasse ist ein Tempel für weibliche und
männliche Stars der Oper. Die Wände sind über und über behangen mit

Hunderten kleiner Fotos der gefeierten Tenöre, Bässe, aber vor allem Sopranistinnen. Die meisten Bilder sind persönlich signiert: „Für Peter" oder „Thanks to Peter" lauten die Widmungen. Peter ist der Betreiber und die Seele des Konzertcafés. Er liebt Opern und weit geöffnete Hemden, die seine Brusthaare nach außen drängen lassen.

Zu fortgeschrittener Stunde veranstaltet er auch gerne Rätselraten. Eine bestimmte Arie wird gespielt, und das konzertverzückte Publikum ist angehalten, den Namen des Dirigenten und der Sänger zu nennen. Aufs erste ist das für die veritablen Kenner, die das Lokal besuchen, kein Problem. Doch nach ein paar Takten überkommt sie meist Zweifel an ihren Entscheidungen. Langjährige Besucher des Lokals wollen dafür eine Erklärung wissen: Peters größte Freude bestehe darin, mehrere verschiedene Aufnahmen einer Oper zusammenzuschneiden und sie dann den selbsternannten Kennern vorzuspielen.

Für bedingungslose Opernfans ist das Hartauer wohl das bestausgestattete zweite Wohnzimmer, mit allem was dazugehört. Etwas weniger enthusiastischen Freunden der ernsten Musik entlockt seine Einrichtung vielleicht ein leises Schmunzeln. Der absolute Höhepunkt der Starverehrung befindet sich in einem kleinen in die Wand versenkten Glasschrein. Dort sind Fotos, Platten, Programmheftchen und andere Requisiten von Rita Streich aufbewahrt – ein kleiner Altar für die in Sibirien geborene Koloratursopranistin, die zwischen 1956 und 1972 an der Wiener Staatsoper sang.

Publikum: Opernfans jeden Alters und jeder Herkunft. Während der Mittagszeit auch weniger konzertbesessene Gäste von den nahe gelegenen Ämtern und Gerichten.

Café Hawelka

Dorotheergasse 6
Telefon 512 82 30
Montag bis Samstag 8 bis 2 Uhr, Sonntag 16 bis 2 Uhr
Dienstag Ruhetag

Zeitungen: österreichische Tageszeitungen
Speisen & Getränke: Käsebrot (öS 30,–), Schinkenbrot (öS 35,–), ab 22 Uhr Buchteln mit Vanillesauce
Einrichtung & Atmosphäre: Im Hawelka von Einrichtung zu sprechen ist fast schon vermessen. Die Innereien (Interieur wäre unpassend) scheinen wahl- und geschmacklos in einen Raum geworfen worden zu sein. Trotzdem ist ein charakterstarkes, kräftiges Bild entstanden. Die Wände sind zum Teil mit einer braunen Tapete verkleidet, zum Teil mit ursprünglich gelber Farbe bemalt – Unterschiede merkt man heute keine mehr. Das liegt auch daran, daß das Lokal über und über mit Plakaten von Konzerten, Theateraufführungen oder Dichterlesungen gepflastert ist.

Vor Jahrhunderten dürfte der Plüschbezug der Bänke rot und gold gestreift gewesen sein. Heute ist er abgewetzt, zerschlissen und schon ziemlich einfärbig verblichen. Die Tische und Stühle stehen im Hawelka eng aneinandergedrängt. Die Gäste kleben förmlich aufeinander. Wer am späten Abend oder an einem Nachmittag am Wochenende das Lokal betritt, steht nicht vor der Wahl, einen freien Tisch auszusuchen, sondern höchstens einen freien Platz zu ergattern, egal ob auf einem Stuhl, einer Banklehne oder sonstwo. Die Luft im kleinen Café in der Dorotheergasse ist stets zum Schneiden. Die Ventilatoren an der Decke drehen sich nur selten. All das macht das Café zu dem, was Georg Danzer in seinem Lied vom „Nackerten im Hawelka" mit den Worten „So a Bohemien-Lokal kennt ka Spießbürgamoral" besungen hat. Den speziellen Reiz der kulturellen Bourgeoisie haben junge Schriftsteller, Maler, Architekten und eben die Boheme schon in den frühen 50er Jahren in dem Lokal gesucht. Die Vertreter der Wiener Schule des Phantastischen Realismus, Arik Brauer, Ernst Fuchs, Rudolf Hausner und Wolfgang Hutter, gingen im Hawelka ein und aus. H.C. Artman, Konrad Bayer, Gerhard Rühm und Ossi Wiener verbrachten hier so manche Nacht.

Publikum: Die Boheme und die Künstlercliquen aus den Fünfzigern sind heute entweder ausgewandert oder berühmt. In beiden Fällen fallen sie als Gäste für das Hawelka aus. Statt Georg Danzers Lied könnte heute eher der alte Bronner-Wehle-Schlagoberser „Der Papa wird's schon richten" das Publikum charakterisieren: Schüler und Studenten aus gutem Haus, im Lodenjopperl, aber stets mit einem lockeren Spruch auf den Lippen, bevölkern zum Großteil das Café.

Café Hebenstreit

Rockhgasse 1
Telefon 533 76 87
Montag bis Freitag 10 bis 1 Uhr

Zeitungen: österreichische Tageszeitungen, Die Zeit, El País, Herald Tribune, Süddeutsche, The Times

Speisen & Getränke: Tagesmenüs (öS 65,– und öS 70,–); kleines Angebot an warmen Hauptgerichten; Mozzarella mit Tomaten (öS 65,–), Carpaccio mit Parmesan (öS 108,–), Empanadas (gefüllte Teigtaschen, öS 45,–), Tallorines al Tuca (hausgemachte Fettucine mit Rindfleisch und Gemüsesauce, öS 88,–), Salate (öS 38,– bis öS 78,–)

Einrichtung & Atmosphäre: Das Hebenstreit war das Lokal des Republikanischen Clubs „Neues Österreich". Ihren Höhepunkt hatte die Gruppe um den Soziologen Silvio Lehmann und den Sozialpolitiker Peter Kreisky während der aktuellen Diskussion um den österreichischen Bundespräsidenten Kurt Waldheim. Zahlreiche Protest- und Diskussionsveranstaltungen wurden vom „Neuen Österreich" organisiert. Auch das bei Anti-Waldheim-Demonstrationen stets mitgeführte Holzpferd wird dem Republikanischen Club zugeordnet. Es diente als Symbol für den mangelnden Willen des Staatsoberhaupts, sich an seine Tätigkeit als berittener Offizier während des Zweiten Weltkriegs zu erinnern. Die Idee entsprang einem Ausspruch Hans Puschs, des ehemaligen Sekretärs von Bundeskanzler Fred Sinowatz, wonach nur sein Pferd, nicht jedoch Waldheim SA-Mitglied gewesen sein dürfte.

Das Hebenstreit selbst ist ein gemütliches Lokal im Stil eines großbürgerlichen Wohnzimmers. Parkettfußboden, schlichte weiße Wände und Fensterrahmen sowie mehrere stets gedeckte Tische prägen das Bild. In einem Nebenraum befindet sich eine einfache, aber gediegene Bar. Die extravagante Deckenbeleuchtung (jeweils fünf Spitzkegel, die an mehre-

ren dünnen Drähten herabhängen) ist der einzigen Schmuck des Lokals.
Publikum: Engagierte und politisch interessierte Menschen. Studenten
der Universität besuchen das Hebenstreit genauso wie Angestellte einer
nahen Großbank.

Café Hegelhof

Johannesgasse 16
Telefon 512 82 21
Montag bis Freitag 7 bis 22 Uhr, Samstag 7 bis 14 Uhr
im Sommer Schanigarten

Zeitungen: österreichische Tageszeitungen
Speisen & Getränke: kleine Kaffeehausküche, Toast, Gulasch, Wiener Schnitzel (öS 25,– bis öS 60,–)
Einrichtung & Atmosphäre: Das Hegelhof ist ein kleines Wiener Kaffeehaus im Originalzustand. Was aber auch bedeutet: verschmutzte gelbgraue Wände, abgestoßene Tische und Sessel. Nur der Steinboden und der rote Plüschüberzug der Bänke sind erneuert worden. Beide haben aber schon wieder eine angenehm-sympathische Patina. Die Einrichtung des kleinen Lokals war architektonisch nie besonders anspruchsvoll. Der Windfang des Lokals, die Stühle und Bänke sind von fast existentialistischer Einfachheit, ohne daß diese Wirkung aber bewußt angestrebt wird. Gerade das macht den besonderen Reiz dieses Kaffeehauses aus.
Publikum: Nur wenige Pensionisten besuchen das Café. Wahrscheinlich fühlen sie sich von der Übermacht der Jugend überfordert. Das Hegelhof ist das Sammelbecken dreier Schulen. Denn es gibt noch immer Schüler, die in ihren freien Stunden nicht zu McDonald's oder einem anderen Schnellimbiß pilgern. Sie zieht es ins Hegelhof.

Kurcafé Konditorei Oberlaa

Neuer Markt 16
Telefon 513 29 36
Montag bis Freitag 8 bis 19, Samstag bis 18 Uhr,
Sonntag, Feiertag 10 bis 18 Uhr

Zeitungen: österreichische Tageszeitungen

Speisen & Getränke: zahlreiche Mehlspeisen und Torten aus eigener Produktion, z.B. Oberlaaer Kurbadtorte, Mohntorte, Himbeer-Weincreme-Schaumschnitte, Sandkuchen (öS 20,– bis öS 40,–), Diabetiker-Torten (öS 40,– bis öS 100,–), pikante und süße Palatschinken (öS 70,–), reichhaltige Tageskarte (öS 70,– bis öS 130,–)

Einrichtung & Atmosphäre: Das Stadthaus der Café-Konditorei Oberlaa präsentiert sich als perfekte Neugestaltung der alten Wiener Café-Konditorei-Tradition. Das ganze Lokal wirkt wie eine süße Mehlspeise. Die Wände sind in zartem Pastellgelb gehalten, an den Ecken stehen kleine Säulen in Pistaziengrün. Auf den Marmortischchen stehen hübsche rosa Plastiknelken. An den Wänden hängen alte Stiche, die das Handwerk der Confiseriekunst um die Jahrhundertwende zeigen. Der Raum wird von dezenten Reliefs in weißem Zuckerguß verziert. Die Café-Konditorei bietet auf zwei Stockwerken viel Platz. Im Sommer gibt es einen weitläufigen Schanigarten, der zum Vekehr am Neuen Markt gut abgeschottet ist.

Publikum: Gepflegte Damen der Wiener Gesellschaft und korrekt gekleidete Herren wechseln sich mit etwas bunteren Touristen ab.

Café Imperial

Kärntner Ring 16
Telefon 501 10-389
Montag bis Sonntag 7 bis 23.30 Uhr

Zeitungen: österreichische Tageszeitungen
Speisen & Getränke: Kaffeespezialitäten wie Kaisermelange (Eidotter, Honig und Schlagobers, öS 52,–) oder Maria Theresia (mit Orangenlikör und Schlagobers, öS 70,–); kleines, aber erlesenes Angebot an Mittagsgerichten: Eierschwammerl (öS 135,–) oder geräucherter Lachs (öS 150,–)
Einrichtung & Atmosphäre: Das Imperial strahlt den Glanz und die Würde einer längst verlorenen Zeit aus – ohne deshalb auch nur einen Millimeter von seinem Stil abzuweichen. Und der ist schlicht und einfach vornehm und prunkvoll. Goldfarbene Tapeten, schwere Brokatvorhänge und getönte Spiegel dominieren die beiden Räume. Große funkelnde Kristalluster tauchen das Kaffeehaus in angenehmes Licht.

Auf einem Flügel, der selbstverständlich im Farbton genau zur Holzvertäfelung paßt, werden in den späteren Abendstunden leise und unaufdringlich Wienerlieder gespielt. Das Imperial ist ein vornehmes Kaffeehaus mit großer Tradition. Zu seinen Stammgästen zählten Richard Wagner, Karl Kraus, Gustav Meyrink, Roda Roda und Arthur Schnitzler.
Publikum: Die Gäste entsprechen dem Rahmen des Hauses: Das noble Wien trifft sich hier zu geschäftlichen Besprechungen oder einfach bei einer Tasse Kaffee. Touristen findet man im Imperial seltener, und wenn, dann sind es vornehme Gäste des dazugehörigen Hotels.

Café Kammerspiele

Rotenturmstraße 25
Telefon 533 32 10
Montag bis Sonntag 8 bis 4 Uhr
im Sommer Schanigarten

Zeitungen: österreichische Tageszeitungen, Bild, Neue Zürcher, Herald Tribune, FAZ, Die Welt, Helsingin Sanomat

Speisen & Getränke: In der Mitte des Lokals steht eine mannshohe Kühlvitrine, darin drehen sich auf sechs runden Glasplatten Apfel- und Topfenstrudel und Sachertorten. Die Mehlspeisen sind hausgemacht und auch am Wochenende frisch. Auf einer Tafel vor dem Lokal wird ein eigenes Touristenmenü (Wiener Schnitzel) in vier Sprachen um 80 Schilling angepriesen. Die Speisekarte verspricht ein durchschnittliches Angebot von Hauptspeisen.

Einrichtung & Atmosphäre: Der dunkelbraune Spannteppich wird von einem unregelmäßigen Muster in Schwarz durchbrochen, das sich nicht nur bei näherem Hinsehen als Flecken erweist. Bänke und Stühle sind mit grünem, abgeschabtem Plüsch bezogen. Von den kleinen Tischen springt das Resopalfurnier schon großflächig ab. Auch Fliegen gehören zur Einrichtung.

Das Lokal strahlt nicht nur die Atmosphäre eines heruntergekommenen, billigen Kaffeehauses aus, es ist es auch. Die Touristen schätzen es dennoch. Der Kellner hilft in fast perfektem Englisch dem ausländischen Gast bei seiner Wahl und fragt: „Vienese Escalope?", um dann in der Küche „zwa Touristen-Fleck" zu ordern.

Früher zeigte das „Kammerspiele" nach Mitternacht, wenn die Touristen in ihre Hotelzimmer heimgekehrt waren, sein zweites, sein wahres Gesicht. Das bis vier Uhr geöffnete Café war, auch wenn kein anderes Lokal mehr offen hatte, eine Anlaufstelle für das nächste Viertel oder ei-

nen rettenden Kaffee. Und so mancher späte Gast hat das Café Kammerspiele nicht mehr durch den Vordereingang verlassen: Im hinteren Teil
des Cafés befindet sich ein diskreter Eingang zum Nightclub No. 1. Das
kann er auch heute noch tun – freilich nur noch bis 23.30 Uhr. Leider.
Publikum: Während des Tages ist das Kammerspiele ein biederes Touri-
stencafé, das von Reisenden, die schnell ihren Hunger stillen wollen, be-
völkert wird. In der Nacht ist es Anlaufstelle für alle, die keinen Grund
finden heimzugehen.

Kleines Café

Franziskanerplatz 3
Montag bis Samstag 10 bis 2 Uhr, Sonntag 13 bis 2 Uhr

Zeitungen: österreichische Tageszeitungen

Speisen & Getränke: Reiche Auswahl an verschiedenen belegten Broten (sehr groß): Die Variationen reichen vom schlichten Butterbrot mit Schnittlauch (öS 18,–) bis zum Schinken-Käse-Gemüse-Brot (öS 42,–). Für das späte Frühstück am Wochenende empfehlen sich zwei weiche

Eier mit Butterbrot (öS 30,–) oder eine Bauernomelette aus drei Eiern (öS 60,–). Als Spezialität gibt es hier die „Zehner-Mischung", bestehend aus Rum, Orangensaft und Rotwein (die Zusammensetzung der Ingredienzien richtet sich je nach Lust und Laune der Barfrau). In den 70er Jahren wurde der Drink nach seinem Preis benannt: öS 10,–. Heute heißt er noch genauso – kostet aber öS 20,–.

Einrichtung & Atmosphäre: Das Kleine Café besteht aus zwei kleinen Räumen, die erst später zusammengelegt worden sind und die demgemäß auch durch zwei getrennte Eingänge betreten werden können. 1970 entschloß sich der Schauspieler Hanno Pöschl, ein alternatives Kaffeehaus zu eröffnen. Zu diesem Zeitpunkt waren Lokale dieser Art in Wien noch dünn gesät. Und so wurde das „Kleine" bald zum Szenecafé. Der ursprüngliche Raum hat kaum die Größe eines kleinen Zimmers. Gerade zwei Tische finden darin Platz. Und so stand man eben dicht gedrängt – aber glücklich, dabeizusein.

Drei Jahre später wurde das Kleine Café Richtung Franziskanerplatz erweitert. Viel größer ist es dadurch auch nicht geworden, aber noch einmal um einiges beliebter. Auf kleinstem Raum hat der Architekt Hermann Czech einen grundlegenden Stil für Lokaleinrichtungen geschaffen. Steinplatten, Holz und Fliesen wurden teils harmonisch, teils verfremdend in das kleine, winkelige Gewölbe eingesetzt. Das Kleine Café fehlt in keinem einschlägigen Bildband der neuen, stillen Architektur.

Publikum: Selbst in den beiden sehr kleinen Räumen läßt sich eine Soziologie der Architektur verfolgen. Im älteren Teil des Kleinen Cafés, der nur aus der Bar, holzgetäfelten Wänden und zwei Nischen mit Tischen besteht, findet man häufiger die Vertreter der älteren Generation: Lange Haare, Vollbart und Jeans sind hier noch immer die letzte Mode. Im jüngeren, bewußter gestalteten Raum sind zumeist jene Gäste zu finden, die zumindest nach außen in der Entwicklung nicht stehenbleiben wollen.

Café Korb

Tuchlauben 10
Telefon 533 72 15
Montag bis Samstag 7 bis 24 Uhr, Sonntag 12 bis 21 Uhr
im Sommer Schanigarten

Zeitungen: österreichische Tageszeitungen, Die Zeit, Weltwoche, Süddeutsche

Speisen & Getränke: kleines, aber erlesenes Angebot, zum Beispiel Mozzarella mit Tomaten und Toast (öS 85,–), Hors d'œuvres nach Art des Hauses (öS 150,–), Scholle natur (öS 150,–)

Einrichtung & Atmosphäre: Das Korb präsentiert sich im original 50er-Jahre-Stil. Die Wände sind weitgehend verspiegelt. Auf die beiden Straßenseiten blickt man durch großflächige Fenster. Das Lokal hat bereits einen starken Restaurantcharakter. Passionierte Kaffeehausbesucher bezeichnen es als das teuerste Café Wiens mit den kleinsten Portionen. Schon am Vormittag findet man gedeckte Tische vor.

Publikum: stark gemischt, viele Touristen

Café Krugerhof

Krugerstraße 8
Telefon 512 52 85
Montag bis Samstag 7 bis 22 Uhr; Billard, Würfelpoker

Zeitungen: österreichische Tageszeitungen, Süddeutsche, Die Zeit, Weltwoche

Speisen & Getränke: kleine Gerichte: Schinkenbrot (öS 17,–), Eierspeis von zwei Eiern (öS 22,–), Ham and eggs (öS 32,–); Hauptgerichte: gefüllte Paprika (öS 55,–), Wiener Schnitzel (öS 72,–), gebratene Eierschwammerl (öS 125,–)

Einrichtung & Atmosphäre: Eine weitere Bastion des Typus Altwiener Kaffeehaus mit leicht verkommener, aber originaler Einrichtung ist – fast – gefallen. Das Krugerhof ist renoviert worden. Zwar nur zum Teil, aber doch mit erheblichen Veränderungen. Die Wände erstrahlen nun in zartem Rosa. Und das gesamte Café im Licht der in die Decke eingelassenen kleinen Strahler. Das Krugerhof dürfte damit das erste Wiener Kaffeehaus mit durchgehender Barbeleuchtung sein. Die Bänke wurden mit neuen, durchaus geschmackvollen Stoffen verschiedener Designs bezogen. Damit sind die tieferen Eingriffe auch schon beendet.

Die beiden Billardtische stehen noch immer im hinteren Teil des großen quadratischen Raumes. Der ölige Bretterboden und die alten, abgewetzten Sessel sind noch immer dieselben. Die wunderschöne Schank aus dunklem Holz ist behutsam hergerichtet worden. Die Seele des Lokals ist die alte geblieben, und die Wände des Krugerhof und die neuen Sitzbezüge werden bald wieder ihre Patina haben.

Publikum: Die Gäste des Krugerhof sind auch die gleichen geblieben: Schüler und Studenten, die untertags hier nicht nur ihre unterrichtsfreien Stunden verbringen, und jene Besessenen, die am Abend beim Würfeln oder Billardspielen ihr Geld untereinander verteilen.

Café Landtmann

Dr.-Karl-Lueger-Ring 4
Telefon 532 06 21-0
Montag bis Sonntag 8 bis 24 Uhr
im Sommer großer Schanigarten

Zeitungen: österreichische Tageszeitungen, Süddeutsche, FAZ, Le Monde, Corriere della Sera, Slovenski Vestnik
Speisen & Getränke: traditionelle Kaffeespezialitäten: Rüdesheimer (Mocca, Asbach Uralt und Schlagobershaube, öS 55,–), Biedermeierkaffee (Mocca, Biedermeierlikör und Schlagobers, öS 45,–); hausgemachte Mehlspeisen um rund öS 35,–; umfangreiche Speisekarte: kleine Gerichte (z.B. Joghurtkaltschale oder Salatteller) von öS 35,– bis öS 65,–; Hauptspeisen (z.B. Wiener Schnitzel oder Tafelspitz) von öS 85,– bis öS 120,–
Einrichtung & Atmosphäre: Das Landtmann bezieht seine besondere Stellung unter den Wiener Kaffeehäusern aus seinem Standort: Es liegt neben dem Burgtheater, schräg vis-à-vis der alten Universität, in unmittelbarer Nachbarschaft der SPÖ-Parteizentrale sowie der Niederösterreichischen Landeslandwirtschaftskammer der ÖVP und nur ein paar hundert Meter vom Parlament entfernt. Das Landtmann liegt damit genau im Brennpunkt von Kunst, Politik und Wissenschaft – und das seit über hundert Jahren.

Der Cafetier Franz Landtmann eröffnete das Lokal im Oktober 1873, um es aber acht Jahre später wieder zu verkaufen. In den folgenden Jahren wechselte das Kaffeehaus noch öfters den Besitzer, sein Stil und die Gäste blieben jedoch immer gleich. In- und auch ausländische Politiker waren stets unter ihnen: z.B. Julius Raab und der Herzog von Windsor. Künstler sind im Gästebuch des Landtmann dennoch häufiger vertreten: Die Namen von Attila und Paul Hörbiger, Oskar Werner, Paula Wessely,

Max Reinhardt und Oskar Kokoschka sind darin zu finden. Aber auch bekannte Ausländer: Gary Cooper, Marlene Dietrich und Thomas Mann. 1980 wurde das berühmte Ringstraßencafé renoviert – auf vorbildliche Art und Weise. Die bis zur Decke reichende Holzvertäfelung ist mit kunstvollen Intarsien reich verziert. Jeder Gast kann im Landtmann Geborgenheit in einer eigenen Nische finden. Nicht nur an den beiden Längsseiten gibt es gemütliche Bänke, auch im Mittelgang ist der Besucher durch die hochgezogenen Lehnen vor störenden Blicken geschützt.

In den kleinen Nebenzimmern finden fast täglich Pressekonferenzen statt. In meist lockerer Gesprächsrunde verkünden Politiker ihre neuesten Erkenntnisse und buhlen um die Gunst der Presse – mehr mit Nähe zu den Journalisten denn durch teure Buffets.

Das Landtmann hält die Tradition noch in einer ganz besonderen Form hoch: Wohl um das Ensemble des Interieurs nicht zu zerstören, müssen Mäntel an der Garderobe abgegeben werden. Achtlos über Stuhl- oder Banklehnen geworfene Kleidungsstücke werden von Obern oder der gestrengen Garderobiere sofort bemängelt.

Publikum: Wochentags ist das Landtmann ein Treffpunkt von Geschäftsleuten, Politikern und Journalisten. Die zahlreichen kleinen Nischen sind Orte von verschwörerischen Gesprächen und vertraulichen Geschäftsanbahnungen. Dabei will niemand so weit gehen, tatsächlich einen verschwiegenen Ort für seine Konferenzen zu wählen. Denn im Landtmann gehört es dazu, gesehen zu werden. An Wochenenden trifft sich das großbürgerliche Wien zu demonstrativer Zeitungslektüre oder zu halböffentlicher Kritik der neuesten Burgtheateraufführung. Manchmal wird die gedämpfte Kaffeehausatmosphäre von den Blitzlichtern fotografierender Touristen gestört. In Scharen fallen sie jedoch noch nicht ein.

Lapinski

Marc-Aurel-Straße 10
Telefon 533 82 65
Montag bis Samstag 10 bis 2 Uhr

Zeitungen: in- und ausländische Tageszeitungen, trend, profil, Spiegel
Speisen & Getränke: diverse Anitpasti (Peperonata, Linsensalat, marinierte Meeresfrüchte), täglich wechselnde kleine, aber ausgesucht feine Speisekarte, hervorragende Weine
Einrichtung & Atmosphäre: Der Name dieses Lokals ist eine Wortschöpfung aus zwei Sprachen und ein treffliches Synonym für einen seiner beiden Besitzer Luzia Schuppich und „profil"-Außenpolitikchef Georg Hoffmann-Ostenhof. Letzterer wird nämlich von seinen Kollegen und Freunden liebevoll „Hasi" genannt. Das französische „lapin" für Hase und die polnische Endung „ski" bilden den Namen für eines der schönsten Lokale der neuen Wiener Kaffeehausszene.

Die Einrichtung stammt von Luigi Blau. Er hat Holz, Metall und Glas gefühlvoll miteinander kombiniert. In das kleine Lokal wurde eine Fülle von verschiedensten architektonischen Feinheiten gepackt: Jeder Sessel ist ein eigenes Objekt. Auch bei den Beleuchtungskörpern herrscht Multistilistik. Im vorderen Teil des Kaffees dominieren die typischen großen Luigi-Blau-Kugelleuchten aus Milchglas, weiter hinten im Raum wird es mit den schlichten grünen Lampenschirmen wieder etwas zurückhaltender. Die Wände sind mit braunen Lochpaneelen verkleidet, die Bar hingegen mit gewelltem Aluminium. Im Gegensatz zu den warmen Brauntönen des Lokals steht die kalt glänzende Aluminium-Glas-Verkleidung des Portals. Doch auch hier wird ein schönes und effizientes Zusammenspiel von architektonischen Stilelementen und praktischem Nutzen erreicht, denn sie dient dazu, Obst, Vorspeisen und Wein zu präsentieren und kühl zu halten.

Die Vielfalt der architektonischen Details und Elemente ergibt im begrenzten Raum des Lapinski ein ruhendes, harmonisches Ganzes.

Publikum: Journalisten gehören seit jeher zur Standardeinrichtung von Kaffeehäusern. Sie sind eine jener wenigen privilegierten Berufsgruppen, die einen Teil ihrer Arbeit tatsächlich am besten im Kaffeehaus erledigen: am Vormittag Zeitung lesend und am Abend diskutierend, egal worüber. Zum Beispiel über die jüngsten Ereignisse, die schlechtesten Artikel der Konkurrenz oder die schönsten Intrigen. Mit dem Lapinski hat einer der Vornehmsten dieser Spezies endlich ein Wohnzimmer geschaffen, das eine zeitgemäße und anregede Umgebung bietet. Artfremden Gästen wird im Lapinski neben der architektonischen Erbauung und dem kulinarischen Genuß manchmal noch ein witziges und entlarvendes Schauspiel aus der österreichischen Medienszene geboten. Der Vorhang geht jedoch meist erst um Mitternacht hoch.

MAK-Café

Stubenring 3–5
Telefon 714 01 21
Dienstag bis Sonntag 10 bis 2 Uhr

Zeitungen: zahlreiche in- und ausländische Tageszeitungen, trend, profil, Architekturzeitschriften

Speisen & Getränke: Standardgerichte der „Schlank & gesund"-Generation: Mozzarella mit Tomaten, Carpaccio, ofenwarmes Roastbeef

Einrichtung & Atmosphäre: Hermann Czech hat den großen Saal des Museums für angewandte Kunst mit einigen architektonischen Akzenten zu einer stilvollen Kaffeehaushalle gemacht. Raumteiler und Wandverkleidungen mit kugelförmigen Entlüftungen setzen einen modernen Gegenakzent zu der üppigen Holzverkleidung der Decke. Die beiden rechteckigen Bars in den beiden Raumhälften sind die Kristallisationszentren des nächtlichen Szenetreffs. Im Sommer bietet das MAK einen ruhigen Garten im Innenhof des Museums mit Blick auf die Noeversche Betontreppe.

Publikum: Untertags ergibt sich hier eine bunte Mischung aus Studenten und jungen Geschäftsleuten, die das künstlerische Ambiente, verbunden mit dem großzügigen Raum und der guten Speisekarte, schätzen. Am Abend ist das MAK fest in der Hand der „beautiful people".

Café Melange

Lichtensteg 4
Telefon 533 93 88
Montag bis Samstag 7 bis 24 Uhr, Sonntag 14 bis 22 Uhr

Zeitungen: österreichische Tageszeitungen
Speisen & Getränke: Kaffeespezialitäten: Marinissimo (mit Grand Marnier und Schlagobers, öS 66,–) oder Advokat (mit Eierlikör und Schlagobers, öS 58,–); Trinkschokolade, auch mit Schnäpsen und Bränden gemischt (öS 35,– bis öS 66,–); Mehlspeisen (öS 30,–); beschränktes Angebot an kleinen Imbissen: Suppen (öS 28,–), Toast (öS 26,–), Ham and eggs (öS 48,–)
Einrichtung & Atmosphäre: Schon die Eingangstür läßt keinen Zweifel: Hier herrscht noch das Biedermeier. Oder was biedere Architekten eben

darunter verstehen. In großen, verspielt geschwungenen Buchstaben steht der Name des Cafés ins Glas geätzt. Motive aus der Biedermeierzeit ziehen sich durch das gesamte Lokal. Der langgestreckte Raum wird zweimal durch kleine Glasscheiben getrennt. Ein Frauenkopf, der wohl an Lautrec angelehnt sein soll, verziert die Raumteiler.

Als Holz fürs Interieur wurde helle Kirsche gewählt, für die Plüschbezüge der Bänke und Stühle die Farben Violett und Rosa, genauso für den Bodenbelag. Das Kaffeehaus macht nicht einmal ansatzweise den Versuch einer originalgetreuen Kopie. Bestimmte Elemente einer Stilrichtung werden – vollkommen unmotiviert – in eine neumodische Umgebung gesetzt. An den Wänden hängen kleine Bilder mit Alltagsszenen aus der Biedermeierzeit. Beleuchtet werden sie von kleinen Messinglampen. Eine Hälfte der Längsseite des Cafés wird von einer Bar eingenommen. Selbst vor leiser Tonbandmusik schreckt man nicht zurück.

Publikum: bunt gemischt

Café Ministerium

Georg-Coch-Platz 4
Telefon 512 92 25
Montag bis Freitag 7 bis 1 Uhr

Zeitungen: österreichische Tageszeitungen, FAZ

Speisen & Getränke: Tagesmenü um öS 60,–; kleine Imbisse wie griechischer Bauernsalat (öS 65,–); warme Küche: zum Beispiel gebackene Sellerie mit Sauce tatare (öS 68,–) oder Tafelspitz (öS 108,–); hausgemachte Mehlspeisen (öS 42,–); großes Angebot an Schnäpsen und Bränden (öS 15,– bis öS 30,–)

Einrichtung & Atmosphäre: In unmittelbarer Nachbarschaft des Hauptgebäudes der Postsparkasse, einem architektonischen Meisterwerk Otto Wagners, liegt das lieblos renovierte kleine Kaffeehaus. Die Bänke sind zwar mit dem traditionellen roten Plüsch bezogen, ihre Form erinnert aber mehr an eine neumodische Espressoeinrichtung. Ein grober Holzrahmen umgibt die Glastür, die ein Extrazimmer, das nur selten benutzt wird, abtrennt. Das gesamte Mobiliar paßt eher in ein Dorfgasthaus denn in ein Altwiener Café. Im Vorraum befindet sich eine kleine Theke mit Barbeleuchtung.

Publikum: Zur Mittagszeit, aber auch davor und danach findet man hier Beamte der nahegelegenen Ministerien (Handel, Soziales und Bauten) sowie Bedienstete der Postsparkasse.

Café Mozart

Albertinaplatz 2
Telefon 513 08 81-0
Montag bis Sonntag 9 bis 24 Uhr
im Sommer Schanigarten

Zeitungen: österreichische Tageszeitungen, Corriere della Sera, Le Monde, Herald Tribune, Süddeutsche, Die Welt

Speisen & Getränke: Hausgemachte Mehlspeisen (Malakoff-, Sacher-, Topfen- und andere Torten, Apfel- und Topfenstrudel); diverse Wiener Kaffeespezialitäten wie Maria Theresia (kleiner Schwarzer mit Orangenlikör und Schlagobers), Kaisermelange (Eidotter, Honig und Schlagobers), türkischer Kaffee, Grog (Preise von öS 30,– bis öS 60,–). Vier Teesorten (Darjeeling, Orange Pekoe, English Breakfast und Earl Grey) werden in einer Kanne offen (keine Beutel) serviert. Milchshakes um öS 45,–; kleine warme Speisen (z.B.: Spinatnockerl, öS 75,–, englischer Gemüseteller, öS 85,–); warme Hauptspeisen um öS 100,– bis öS 180,–. Speisekarte auch in Englisch, Französisch und Italienisch.

Einrichtung & Atmosphäre: 1985 übernahm der japanische Kaufhauskonzern Mitsukoshi das Mozart und ließ das Kaffeehaus umgestalten. Der Architekt Rudolf Schneider-Manns-Au stylte es zu einem absoluten Nobelcafé. Dunkle Holzvertäfelungen mit feinsten Metall- und Elfenbeineinlagen prägen das Bild des hohen Innenraums. Gewaltige Spiegelflächen versuchen Breite zu geben. Erst wenn man sich zwischen den dicht gedrängten Stühlen bewegt, wird der kleine Grundriß deutlich spürbar. Üppige Reliefs schmücken die Deckenwände. Aber trotz prachtvollster Ausgestaltung kann das neue Mozart nicht an die Atmosphäre das alten Cafés mit wechselnder Geschichte anschließen.

Ende des 18. Jahrhunderts, als der heutige Lobkowitzplatz noch der Schweinemarkt von Wien war, wurde das Kaffeehaus eröffnet. Da es ei-

nes der ersten mit Garten war, fand es rasch viele Stammgäste. Künstler, Schauspieler und Journalisten – damals wie heute die üblichen Kaffeehausbesucher – gingen dort ein und aus. Und Metternich, dem Chef der Geheimpolizei, war es ein leichtes, hier 1840 seine Spitzel einzuschleusen. Karl Johann Braun von Braunthal, der sich als Dichter Jean Charles nannte, war einer von ihnen.

Mehr als hundert Jahre später kam das Mozart noch einmal zu Geheimdienst-Ehren. In dem Film „Der Dritte Mann" spielte es als Café „Old Vienna" eine wichtige Rolle. Und Anton Karas widmete ihm mit dem „Café-Mozart-Walzer" die Rückseite seines Harry-Lime-Themas. Heute ist das Café Mozart Vorbild für das „typische Wiener Kaffeehaus", das der Mitsukoshi-Konzern in allen großen Städten Japans errichten will.

Publikum: Schauspieler, Literaten oder Journalisten verkehren heute nicht mehr im Mozart – vielleicht ein paar Geheimagenten. Japanische und andere Touristen, vermischt mit ein paar Nobelwienern, sind die häufigsten Gäste.

Café Museum

Friedrichstraße 6
Telefon 586 52 02
Montag bis Sonntag 7 bis 23 Uhr
Schach, Kartenspiel, Billard
im Sommer überdachter Schanigarten

Zeitungen: österreichische Tageszeitungen, Süddeutsche, Neue Zürcher, FAZ, Le Monde

Speisen & Getränke: sehr beschränktes Angebot: Toast, Würstel, kleines Gulasch (öS 25,– bis öS 45,–), Kaffee und Tee (öS 20,– bis öS 30,–)

Einrichtung & Atmosphäre: Das Café Museum wurde 1899 von Adolf Loos bewußt einfach und schlicht gestaltet – als Gegensatz zu den bislang existierenden reich ausgestatteten Kaffeehäusern. „Café Nihilismus" wurde es von den Zeitgenossen bald genannt. Schönheit sollte durch die Reduzierung auf das Nützliche entstehen. Der Plan des Architekten ist aufgegangen. Noch heute, obwohl schon stark in die ursprüngliche Gestaltung Loos' eingegriffen worden ist, findet die „strenge Einfachheit" zahlreiche Anhänger. Die halbkreisförmig geschwungenen, mit rotem Skai überzogenen Bänke sind praktisch nie frei. Und wer einen Platz an der Tischreihe in der Mitte des langen, gangförmigen Cafés findet, hat auch noch Glück. Er sitzt dann immer noch auf einem von Loos eigens für Thonet entworfenen Bugholzsessel – auch wenn es sich nicht mehr um die Originalstühle handelt. Die Loos-Euphorie soll jedoch nicht zu sehr zum Schönfärben verleiten: Die Wände des Museum sind vergilbt, die Bänke und Stühle schon reichlich abgestoßen. Doch das gehört dazu. Als der Besitzer Renovierungsabsichten äußerte, wurde er von Stammgästen schnell eines Besseren belehrt.

Publikum: Die Gäste tragen immer noch mehr zum Reiz des Café Museum bei als die Architektur von Loos. Das war früher auch schon so.

Peter Altenberg schlug seinen Wohnsitz im Museum auf – nachdem er ihn im Café Central aufgegeben hatte. Frank Wedekind und Karl Kraus zählten genauso zu den Stammgästen wie Gustav Klimt, Egon Schiele, Oskar Kokoschka und die Schriftsteller Robert Musil, Hermann Broch, Joseph Roth, Roda Roda und Georg Trakl.

Auf den Spuren dieser großen Namen versucht im Café Museum so mancher heutige Gast zu wandeln. Gute und weniger gute Schauspieler, Maler und Schriftsteller haben das Museum zu ihrem Wohnzimmer erkoren. Und wenn man doch nicht ganz dazugehört, dann tut man zumindest so, als ob. Wer nicht selbst gedankenverloren Worte zu Papier bringt, hält wenigstens ein Buch in Händen. Die wahren Kopfarbeiter sitzen jedoch weitgehend unbeobachtet im Extrazimmer – dort, wo Schach oder Karten gespielt wird.

Café Prückel

Stubenring 24
Telefon 512 61 15
Montag bis Sonntag 9 bis 22 Uhr
Montag, Mittwoch, Freitag und Sonntag 19 bis 22 Uhr
Klaviermusik; im Sommer großer Schanigarten
Pradler Ritterspiele im Keller des Cafés (Eingang Biberstraße 2)

Zeitungen: österreichische Tageszeitungen, zahlreiche Fachmagazine von Pferdesport bis Computer, The Times, Le Monde, Herald Tribune, FAZ, Die Zeit, Süddeutsche, Neue Zürcher

Speisen & Getränke: Die Torten und anderen Mehlspeisen stammen nicht aus der hauseigenen Küche und sind nicht gerade taufrisch, die Punschkrapfen noch in Cellophan verpackt (Preise ca. öS 30,–). Tee und Kaffee entsprechen dem Standardangebot (Brauner, Melange, Tee in Teebeuteln), dafür werden die Heißgetränke in Schalen im 50er-Jahre-Stil serviert. Die Speisekarte bietet einen kleinen Querschnitt durch die Wiener Küche zu gehobenen Restaurantpreisen: Wiener Schnitzel (öS 90,–), Tafelspitz (öS 120,–).

Einrichtung & Atmosphäre: Das Ringstraßencafé wurde 1989 im Stil Oswald Haerdtls renoviert. Der Schüler von Kolo Moser und Oskar Strnad hat das 1903 eröffnete Etablissement später vom üppigen Makart-Stil befreit und in ein geschmackvolles Kaffeehaus der 50er Jahre umgewandelt. Jetzt wurde das Prückel in Anlehnung an Haerdtls Einrichtung unter Beratung des Professors für angewandte Architektur Spalt neu gestaltet. Das Kaffeehaus beeindruckt durch seine großzügigen, fast hallenartigen Räume. Dem Boden in dezentem Hellgrau steht ein gut acht Meter hoher Plafond in bräunlichem Rosa, das nur durch zarte weiße Streifen durchbrochen ist, entgegen. Die reinweißen Wände sind zum Teil bis zur Decke verspiegelt, um dem Raum mehr Breite zu geben. Der nüchter-

ne 50er-Jahre-Stil wird durch große Gruppen von Grünpflanzen etwas auf-
gelockert. Auch bei der Einrichtung war man um Detailtreue bemüht.
Kegelförmige Lampenschirme, ausladende Sitzbänke und Fauteuils
(schlammfarben bezogen) bis hin zum türkisfarbenen Zigaretten-
automaten im Stil der Nachkriegsjahre runden das Gesamt(kunst)werk ab.

Das ist der eine Teil des Prückel. Hinter einer Glaswand lebt noch ein
Teil des alten, nicht geschönten Kaffeehauses. Zwischen schmutzigen
altrosa Tapeten und ebensolchem Boden ist das einzige Grün das der Filz-
auflagen auf den Tischen. In diesem unrenovierten Raum des Prückel wird
unbeirrt von allen Zeitströmungen Karten gespielt, vornehmlich Bridge.

Publikum: Die Gäste fügen sich in die Umgebung des Kaffeehauses
nahtlos ein. Die älteren Damen tragen schweren Schmuck, die soignierten Herren ein sportliches Tweedsakko mit passender Clubkrawatte. Bei
der Jeunesse dorée steht intellektuellen Hintergrund verheißendes
Schwarz auf der Kleiderordnung, denn die Hochschule für angewandte
Kunst liegt gleich vis-à-vis.

Café Raimund

Volksgartenstraße 5
Telefon 523 25 82
Montag bis Freitag 7 bis 24 Uhr
Samstag und Sonntag 9 bis 24 Uhr
kleiner Schanigarten

Zeitungen: österreichische Tageszeitungen
Speisen & Getränke: Tagesmenü um öS 65,–; diverse Pizzas (öS 50,– bis öS 70,–); großes Angebot an kalten Imbissen, z.B. Butterbrot (öS 15,–), Matjesfilet garniert (öS 70,–) oder Salatschüssel (öS 70,–); warme Hauptspeisen: Putenschnitzel mit Buttergemüse (öS 85,–), Schweinsmedaillons in Pfefferrahmsauce (öS 105,–)
Einrichtung & Atmosphäre: Auch das traditionsreiche Theatercafé ist der Renovierwut zum Opfer gefallen. Furniertes Holz, das teilweise grün übermalt wurde, rosageäderte Marmortischchen und viel neues Messing prägen heute das Lokal. Und – unübersehbar – sein Namensgeber. Von den Wänden, Servietten, von der Speisekarte und allen Ecken und Enden des Lokals verfolgt das Konterfei des Dichters den Besucher. In einer kleinen Nische steht sogar eine Statue Raimunds.

Die Einrichtung des Lokals erhält damit fast schon wieder einen liebenswert kitschigen Charakter. Gewaltige Kronleuchter dürfen da nicht fehlen. Die Wände sind übersät mit kleinen Bildchen, die original Wiener Typen oder Ansichten der Stadt zeigen. Ist an den Wänden irgendwo noch ein kleines Fleckchen frei geblieben, wurde es garantiert mit dem Kopf des Dichters oder seinen Initialen verhangen. Zur Abwechslung sind manchmal auch Theaterrequisiten eingestreut: Ein Regeschirm, ein Hut oder ähnliches zieren die Wand.

Neben dem großen Raum des Kaffeehauses gibt es noch einen kleineren mit gemütlicher Clubatmosphäre: Die tiefer hängende Decke ist mit

Holz verkleidet worden. Bänke und Stühle sind mit ochsenblutrotem Leder bespannt.

In den zwanziger Jahren war das Raimund ein bekanntes Theater- und Künstlercafé. Alles, was an den Bühnen Wiens Rang und Namen hatte, fand sich hier ein. Zu den bekanntesten seiner Besucher zählten Franz Theodor Csokor, Egon Friedell und seine Gefährtin Lina Loos, die frühere Frau des Architekten des Café Museum.

In den fünfziger Jahren wurde es das Stammcafé von Hans Weigel. Auch der Aufstieg dreier Schriftstellerinnen soll hier begonnen haben. Jeannie Ebner, Ilse Aichinger und Ingeborg Bachmann waren häufig zu Gast im alten Raimund.

Publikum: Während des Tages bunt gemischt. Zum Teil wird es von Schauspielern und Mitarbeitern des vis-à-vis gelegenen Volkstheaters besucht.

Café Sacher

Philharmonikerstraße 4
Telefon 512 14 87
Montag bis Sonntag 6.30 bis 23.30 Uhr; im Sommer Schanigarten

Zeitungen: österreichische Tageszeitungen, Süddeutsche, Le Monde, Neue Zürcher, FAZ, Die Welt

Speisen & Getränke: Wiener Frühstück (öS 160,–); kleine kalte und warme Gerichte, zum Beispiel hausgemachte Gänseleberpastete (öS 190,–), Roastbeef mit Sauce tatare (öS 140,–), Tagesgericht (öS 180,–), Filetsteak (öS 210,–); Mehlspeisen, darunter die bekannte Torte mit Namen des Hauses, um öS 30,– bis öS 40,–

Einrichtung & Atmosphäre: Von der Straße betritt man zuerst einmal einen großen Gang, der zu den Nebenräumen des zugehörigen Hotels und Restaurants führt. Von da aus führen zwei Türen links und rechts in die zwei Räume des Cafés. Beide sind gleich klein und bieten höchstens jeweils 20 Personen bequem Platz. Besonders in der touristischen Hochsaison führt das dazu, daß sich die Gäste im Gang stauen, vergeblich auf einen freien Tisch warten und die Kellner behindern. Die beiden kleinen Räume werden optisch noch zusätzlich verengt. Die rote Tapete ist bis zur Decke hochgezogen. Und der Boden in der gleichen Farbe macht die Räume noch ein wenig kleiner. Die beiden großen Spiegel in Form eines hohen Rundbogenfensters an den Stirnseiten bringen nur wenig scheinbaren Raumgewinn. Ganz im Zeichen der kaiserlichen Tradition hängt in einem Raum ein Porträt der jungen Sissi, im anderen eines von Kaiser Franz Joseph.

Publikum: Das Sacher wird größtenteils von Touristen besucht. Selten verirrt sich ein Wiener in dieses Café. Die Gäste sind zwar von der gehobeneren Gesellschaft, aber im Café hat das Haus Sacher von einer lang gepflegten Tradition schon Abstand genommen: Herren müssen hier keine Krawatte mehr tragen. Auch Jeans sind erlaubt.

Café Salzgries

Marc-Aurel-Straße 6
Telefon 533 54 26
Montag bis Freitag 8 bis 1 Uhr, Samstag und Sonntag 12 bis 1 Uhr
im Sommer Schanigarten

Zeitungen: österreichische Tageszeitungen, Süddeutsche, Le Monde, FAZ, Die Zeit, Spiegel

Speisen & Getränke: kleine Gerichte: Schinkenbrot mit Kren (öS 30,–), Altwiener Suppentopf (öS 40,–), Rindfleisch in Essig und Kernöl (öS 65,–); wechselndes Angebot an warmen Gerichten, zum Beispiel Linsen mit Speck und Knödel (öS 70,–) oder Kalbsschnitzel (öS 110,–); hausgemachte Mehlspeisen

Einrichtung & Atmosphäre: Obwohl das Salzgries erst vor einigen Jahren seine Schwingtüren öffnete, hat es bereits eine Geschichte, die es leicht mit der des alten Central oder des Café Museum aufnehmen kann. Es ist das Wohnzimmer vieler hoffnungsvoller junger Denker, die ihre Namen untereinander alle kennen – sonst freilich kennt sie niemand.

Zur besonderen Atmosphäre trägt auch die schlichte, aber stilgemäße Einrichtung bei. Geschaffen hat sie der Kunsthändler und Szene-Inspirator Kurt Kalb. Man sagt, mancher Architekt beneide ihn um seine Rückbaufähigkeit, denn das Salzgries – einst ein schäbiges Beisl – sieht aus, als habe es schon immer so ausgesehen.

Der kleine längliche Raum ist in der Mitte durch eine in Bogenform durchbrochene Wand geteilt. Im vorderen Kaffeehausteil zieht sich eine mit olivgrünem Plüsch bezogene Bank durchgehend die Wand entlang. Davor stehen kleine Tische, die je nach Bedarf zusammengeschoben werden können, um größeren Gruppen Platz zu bieten.

Der hintere Teil des Lokals wird von der Küche eingenommen. Auch in diesem Raum finden Gäste an zwei Tischen einen Platz, der sie auch an

allen Düften und Kochvorgängen teilhaben läßt. Zwischen Café und Küche ist die Schank mit einer kleinen Bar angesiedelt. Von diesem Teil aus führt eine Treppe in den Keller zu den Toiletten. Über die andere Treppe gelangt man in die im ersten Stock gelegenen Privaträume, wo bei besonderen Fernsehübertragungen (Fußballspiele) auch Stammgäste Zutritt haben.

Publikum: „Hier sitzen die Besoffenen, die Österreichs Zeitungen machen", hat die Journalistin Eva Deissen einmal die Gäste des Café Salzgries beschrieben. Ein wahrer Satz, nicht nur, was die Berufsbezeichnung des Publikums betrifft. „trend", das größte Wirtschaftsmagazin des Landes, „profil", das kritische unabhängige Wochenmagazin, und der „Falter", die wöchentlich erscheinende Stadtzeitung mit Wien-Programm, haben ihre Redaktionen in der Straße, in der auch das Salzgries liegt. Von den dort arbeitenden Journalisten wird sie daher auch gerne – frei jedes Dünkels – als Fleet Street von Wien bezeichnet. Und das Salzgries ist für sie Arbeitsplatz (wenn Interviews hier geführt werden) genausogut wie Ort der Entspannung (siehe Deissen). Aufgefrischt wird die journalistische Inzucht von einigen Werbeleuten, Architekten und Geschäftsleuten der Umgebung.

Schmohl

Fleischmarkt 16
Telefon 512 77 41
Montag bis Sonntag 7.30 bis 19 Uhr (im Sommer sonntags geschlossen)

Zeitungen: österreichische Tageszeitungen
Speisen & Getränke: verschiedene Torten (ca. öS 35,–), Toast, Sandwiches, Bonbonnieren zum Mitnehmen
Einrichtung & Atmosphäre: Das Schmohl ist ein Zeitkorridor, der bis an den Beginn dieses Jahrhunderts reicht – mit mehreren Stationen dazwischen. Der Besucher ist zunächst verblüfft. Erst langsam beginnt er zu realisieren, daß er sich hier tatsächlich in einer anderen Welt und einer anderen Zeit befindet. Nimmt er auf den durchgesessenen kleinen Bänkchen Platz, wird es ihm leicht schmerzhaft bewußt. Dann kommt eine der beiden Damen und fragt mit einer Stimme, die man aus alten Filmen (Sissy Löwinger, Hannerl Matz?) kennt: „Was darf's denn sein, junger Herr?" Noch immer etwas verdattert, fällt der Blick auf die unglaubliche Verzierung, die die ganze Längsseite des Raums hinter der Theke schmückt. Barock? Venezianisch? Plötzlich wird alles klar: Zuckerguß!

Das Schmohl ist nicht nur Kaffeehaus, es ist ist auch Konditorei. In einer langen Vitrine stehen Torten, Kuchen, Kipferl. Aber nichts, was schlank macht. Für den etwas pikanteren Geschmack gibt es Sandwiches – mit Salami und viel Mayonnaise auf aufgeweichtem Weißbrot. Und wer es ganz üppig liebt: ein Glas Sekt mit Sandwich, 50 Schilling.

Bevor man wieder in die Jetztzeit eintaucht, wird man noch einmal ganz weit in die Vergangenheit zurückgeholt. Beim Ruf „Zahlen, bitte!" erhält man zur Antwort: „An der Kassa!" Eine der freundlichen Damen setzt sich hinter eine Registrierkassa mit Holzverkleidung und tippt die Konsumation in die großen Zahlenknöpfe. Nicht ohne davor noch mit

zuckersüßer Stimme zu fragen: „Wollen S' nicht ein Sackerl Anisplätzchen mitnehmen?"

Publikum: Hier trifft sich Vergangenheit und Moderne. Wohlbeleibte Damen im Persianer und mit großen Hüten auf den hochgesteckten Haaren prallen auf intellektuelle Vertreter der Neuzeit. Das Schmohl ist das Stammlokal des Architekten Helmut Richter und des Schauspielers Alexander Göbel.

Café Schottenring

Schottenring 19
Telefon 317 34 21
Montag bis Samstag 6.30 bis 23 Uhr, Sonntag 10 bis 20 Uhr
im Sommer Schanigarten

Zeitungen: österreichische Tageszeitungen, Börseblätter, Neue Zürcher
Speisen & Getränke: kleine Speisen (z.B. Toast, Champignonomelette)
von öS 30,– bis öS 70,–; Hauptspeisen: Gulasch, Schnitzel oder Pfeffersteak (öS 80,– bis öS 150,–); zahlreiche Wiener Kaffeespezialitäten, z.B.
Franziskaner (Mocca mit viel Milch und Schlagobers), Kapuziner (kleiner Schwarzer mit einem Tropfen Obers), Johann Strauß (4 cl Rotwein,
2 cl Wodka, heißer Kaffee), Maria Theresia (Mocca mit Likör), Preise:
öS 30,– bis öS 60,–
Einrichtung & Atmosphäre: Die Gestaltung des Kaffeehauses spiegelt
nicht gerade besondere Liebe zur Innenarchitektur wider. Der braune
Filzboden wird auch als Verkleidung für die Schank verwendet. Die Stühle könnten in ihrer Schlichtheit genausogut von Ikea stammen. Trotzdem
ist alles sauber und gepflegt. Die gerahmten alten Aktien an den Wänden
deuten die Nähe zur Börse an.
Publikum: Das Café Schottenring lebt von den Mittagsgästen der nahe
gelegenen Aktienhandlung, der Gewerkschaft der Privatangestellten sowie einiger Banken und Versicherungen. Am Abend herrscht angenehme
Ruhe.

Café Schwarzenberg

Kärntner Ring 17
Telefon 512 73 93
Sonntag bis Freitag 7 bis 24 Uhr, Samstag 9 bis 24 Uhr
Klaviermusik von 16 bis 19 und 20 bis 22 Uhr
im Sommer Schanigarten

Zeitungen: österreichische Tageszeitungen, Le Monde, Herald Tribune, FAZ, Neue Zürcher, Corriere della Sera, Weltwoche

Speisen & Getränke: An kalten Gerichten wird von einfachen belegten Broten (öS 39,–) bis zum Räucherlachs (öS 109,–) alles geboten – auch Vollwertkost, z.B. Grünkernknödel (öS 66,–). Bei warmen Speisen reicht das Angebot vom Omelette aus drei Eiern (öS 56,–) über Gulasch (öS 65,–) bis zum Wiener Schnitzel (öS 134,–). Mehlspeisen: Topfen-palatschinken (öS 47,–), Mohr im Hemd (öS 49,–) oder hausgemachte Torten (öS 25,– bis öS 30,–). Bei Kaffees stehen Wiener Spezialitäten wie Kaisermelange (mit Eidotter, Honig und Schlag) auf der Karte, aber auch ausländische Kaffeevariationen (Café Coretto). Preise zwischen öS 35,– und öS 50,–. Zehn verschieden Teesorten werden frisch aufgebrüht in der Kanne serviert (öS 38,–).

Einrichtung & Atmosphäre: Was der japanische Kaufhaus-Konzern Mitsukoshi für das Mozart, ist der gemeindeeigene Gastronomiebetrieb Wigast für das Café Schwarzenberg: ein Eigentümer, der mit großem finanziellem Aufwand ein altes Lokal perfekt renoviert – und ihm damit seine Atmosphäre und Ursprünglichkeit genommen hat.

Die Wände und die hohe, gewölbte Decke des Ringstraßencafés wurden unbestritten mit viel Liebe zum Detail erneuert. Der Zahn der Zeit (das Schwarzenberg ist 1979 neu hergerichtet worden) hat auch schon einiges dazu beigetragen, daß die Diskrepanz zwischen neuem Material und altem Kaffeehausstil schon etwas kleiner geworden ist: Die braunen

Lederbezüge der Bänke sind brüchig. Die Kanten der marmornen Tischplatten haben bereits Sprünge und Schrammen. Auch der schmutzige Gelbton der Decke ist schon etwas dünkler als noch vor Jahren. Dennoch verbreitet das Schwarzenberg nicht die ruhige und beschauliche Atmosphäre eines Altwiener Kaffeehauses.

Es herrscht Hektik und Gedränge. Obwohl das Angebot an in- und ausländischen Zeitungen reichlich ist, findet man weder die Ruhe noch den Platz, z.B. eine „FAZ" aufzuschlagen. Die Stühle stehen Fuß an Fuß, die Tische Kante an Kante, und noch bevor der letzte Schluck aus der Tasse geleert worden ist, fragt der Ober, ob man noch einen Wunsch habe. Das klingt zwar nach Aufmerksamkeit an einem Ort, wo das stundenlange Verweilen bei einer Schale Kaffee und einem Glas Wasser bei gleichzeitiger Lektüre von fünf Zeitungen zur Tradition gehört, ist diese Frage jedoch schlichtweg fehl am Platz. Aber das Schwarzenberg ist eben anders als ein original Wiener Kaffeehaus. Der Umsatz pro Quadratmeter muß stimmen.

Publikum: Das Schwarzenberg besuchen genau jene Gäste, von denen sich der Betreiber am meisten verspricht: Touristen, die zwischen zwei Besichtigungsterminen schnell einen Kaffeehausbesuch einstreuen wollen – und dabei auf rasches und reibungsloses Service Wert legen. Oder Geschäftsleute, die in einer kurzen Pause schnell einen Kaffee trinken wollen.

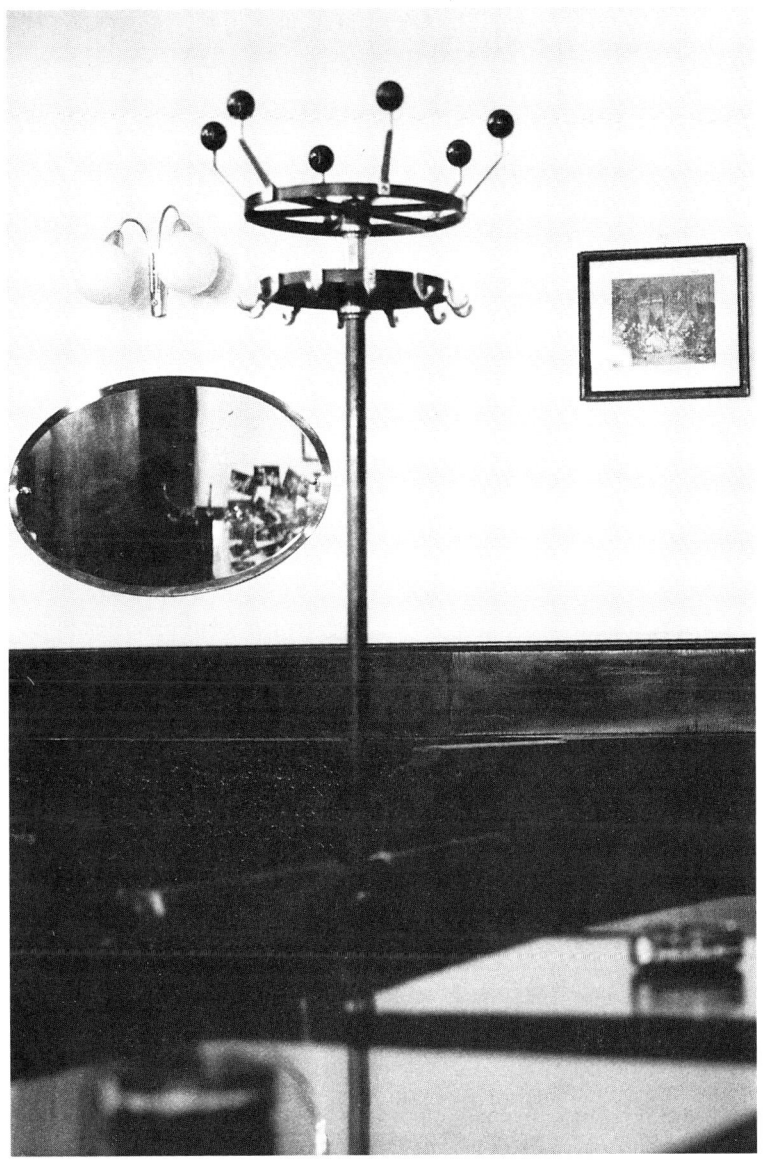

Café Sirk

Kärntner Straße 53
Telefon 515 16-552
Montag bis Sonntag 10 bis 24 Uhr
überdachter Schanigarten

Zeitungen: keine

Speisen & Getränke: Mehlspeisen zwischen öS 40,– und öS 60,–; kleine Speisen: Tomatensuppe (heißt hier Paradeissuppe, öS 45,–), Hühnersuppentopf (öS 85,–), Opernteller (bestehend aus drei Scheiben Roastbeef, ein paar Shrimps, Pastete und Lachs, öS 165,–), Würstel (öS 70,–); außerdem wird laut Karte auf Bestellung die berühmte Imperialtorte weltweit verschickt.

Einrichtung & Atmosphäre: Das Sirk versucht bewußt nicht an die Wiener Kaffeehaustradition anzuschließen. Holz wird bei der Fassade weitgehend durch braunes Metall ersetzt. Das Interieur ist in braunem Plüsch gehalten. Die Gäste können zwischen Plätzen an kleinen Kaffeehaustischchen oder an einer Bar wählen.

Publikum: Das Sirk wird entweder von Geschäftsleuten, die eine neutrale, atmosphärisch nicht sehr störende Umgebung bevorzugen, besucht oder von Touristen, die der Name oder die zentrale Lage anlockt.

Café Tirolerhof

Tegetthoffstraße 8
Telefon 512 78 33
Montag bis Samstag 7 bis 21 Uhr, Sonntag und Feiertag 9.30 bis 20 Uhr

Zeitungen: österreichische Tageszeitungen, Weltwoche, FAZ, Süddeutsche, Herald Tribune, Münchner Abendzeitung
Speisen & Getränke: diverse Wiener Kaffeespezialitäten wie Kaiserme-lange (mit Eidotter, Honig und Schlagobers) oder Kapuziner (kleiner Schwarzer mit einem Tropfen Obers), Preise bis öS 50,–; sehr beschränk-tes Angebot an kleinen Speisen: Toast, Würstel, Suppen (Preise zwischen öS 20,– und öS 50,–)
Einrichtung & Atmosphäre: Das Tirolerhof ist der Renovierlust zum Opfer gefallen. Das ursprünglich klassische Wiener Kaffeehaus wurde

118

durch die Verwendung unpassender Materialien zu sehr erneuert. Das Holz der Tische und Wandvertäfelung ist unter schwarzem Lack verschwunden. Der Boden wurde mit beigefarbenem Linoleum auslegt. Die altrosa Tapete entspricht zwar dem Stil des alten Biedermeiercafés, der Plüschbezug der Bänke und Stühle in kräftigem rosa-schwarz-grauem Muster erinnert hingegen zu stark an heutige Designs. Der große Windfang mit zweigeteiltem Eintritt ins Café ist erhalten geblieben.

Publikum: Zumeist drängen sich Schüler und Studenten (im angrenzenden Haus befindet sich ein Studentenheim und eine Mensa) in die Bänke an den Fensternischen. In den Sommermonaten bevölkern zahlreiche Touristen, die auf dem Weg von der Albertina in die Kaisergruft, vorbei am Hrdlicka-Denkmal, auch gleich ihren Kaffeehausbesuch absolvieren wollen, das Tirolerhof.

Café Tuchlauben

Tuchlauben 16
Telefon 533 41 36
Montag bis Freitag 7 bis 18 Uhr

Zeitungen: österreichische Tageszeitungen
Speisen & Getränke: sehr beschränktes Angebot, aber hervorragende hausgemachte Mehlspeisen (öS 18,– bis öS 20,–); zwei Eier im Glas (öS 16,–), Hühnersuppe (öS 28,–), Würstel mit Saft (öS 34,–), Gulasch mit Saft und Kartoffeln (öS 48,–)
Einrichtung & Atmosphäre: Angenehme Ruhe umfängt den Besucher, wenn er das Café Tuchlauben betritt. Obwohl hier schon am Vormittag mehrere Gäste Zeitung lesend an den kleinen Tischen sitzen. Die Stille wird nur vom Rascheln des dünnen Papiers beim Umblättern, dem Klirren, wenn die Kellnerin einen Löffel auf das Wasserglas zur Melange legt, oder durch das Zischen der Espressomaschine durchbrochen. Die Einrichtung im Tuchlauben ist unaufdringlich und schlicht. Spiegelfliesen an der Rückwand strecken den Raum – aber nicht ins Unermeßliche. Die rötlichbraunen Sitzbezüge heben sich sanft von der Holzvertäfelung ab – aber nicht zu deutlich. Hier will nichts schrill und aufdringlich sein. Selbst die Kellnerin nähert sich geräuschlos und fragt mit gedämpfter Stimme nach den Wünschen des Gastes.
Publikum: Wer in der Inneren Stadt arbeitet, geht hier gerne auf einen kleinen Braunen, so zwischendurch. Touristen verirren sich nur selten in das unprätentiöse Café. Dafür kommen die Protagonisten der Wiener Szene häufig vorbei: Kurt Kalb, Elfriede Gerstel und viele mehr.

Café Votiv

Reichsratsstraße 17
Telefon 402 38 72
Montag bis Freitag 8 bis 22 Uhr, Samstag, Sonntag 10 bis 19 Uhr
im Sommer Schanigarten unter Arkaden

Zeitungen: österreichische Tageszeitungen
Speisen & Getränke: verschiedene Früchtetees in der Kanne (öS 28,–),
frische Mehlspeisen (öS 22,–), belegte Brote (öS 18,–), Toast (öS 30,–)
Einrichtung & Atmosphäre: Früher hieß das Lokal Espresso Votiv. Es
war ein großräumiger Treffpunkt für Studenten mit dem gewissen
Charme einer schon etwas heruntergekommenen Einrichtung im Stil der
50er Jahre. Im Sommer 1990 wurde das Votiv renoviert und als Café
Votiv im September neu eröffnet. Von einer Kaffeehausatmosphäre ist
heute nichts mehr zu spüren. Das ganze Lokal wurde mit hellem Kie-
fernholz verkleidet, die Bänke mit einem lindgrün und rosa gemusterten
Stoff bezogen. Der Windfang, die Wandvertäfelung und die Trennwände
zwischen den einzelnen Nischen sind mit einer seltsamen Ornamentik
verziert, die im Jugendstil ihren Ursprung haben will. Mitten im Raum
steht eine hölzerne Litfaßsäule, die mit einem kleinen Tresen versucht,
zum schnellen Stehkaffee einzuladen.
Publikum: Zwischen dem Neuen Institutsgebäude und der alten Universität gelegen, können die Gäste gar nicht anders als hingehen. Für Studenten, die sich von der Einrichtung nicht beeindrucken lassen, ist das
Café Votiv zweifelsohne ideal, zumal es zahlreiche kleine Extrazimmer für
kleine und mittlere Gruppen bietet.

Café Dogenhof

Praterstraße 70
Telefon 24 94 05
Montag bis Sonntag 7 bis 22 Uhr
im Sommer Schanigarten

Zeitungen: österreichische Tageszeitungen
Speisen & Getränke: Gulaschsuppe (öS 28,–), Ham and eggs (öS 38,–),
Schinkenrolle (öS 45,–)
Einrichtung & Atmosphäre: In Ansätzen sieht man dem Dogenhof noch
an, was es einmal war: ein großes, gepflegtes Eckcafé im venezianischen
Stil. Mitte des 19. Jahrhunderts war ein der Ca d'Oro in Venedig ähnli-
ches Haus im heutigen 2. Bezirk errichtet worden. Die Gemeindeväter
hatten zu dieser Zeit erwogen, den einzelnen Völkern der großen Mon-
archie auch verschiedene Stadtteile Wiens zuzuteilen. Und die Leopoldstadt sollte Klein-Venezien werden. Daraus wurde dann doch nichts. Von
der übereilten Vorfreude zeugen nur mehr spärliche Reste: Die üppige
Stukkatur an der Decke, der prachtvolle Kronleuchter und zwei Stühle.
Die kunstvolle Schnitzarbeit der Rückenlehnen würde jeden Palazzo am
Canale Grande schmücken. Jetzt stehen sie eben an der Praterstraße.

Der Rest des Dogenhof ist Kaffeehauseinrichtung von der billigsten
Art: ein bißchen roter Plüsch, ein wenig furniertes Holz und ein paar
bunte Bilder. Ein trister Abgesang auf Venezien. Die Gondeln könnten
Trauer tragen.
Publikum: Der nahe Praterstern ist das Zentrum der neuen Völkerverei-
nigung. Und das Dogenhof ist das Lokal, in dem sie gelebt wird, wo an
die meist im Autobus anreisenden Gäste Kaffee in Fünf-Kilo-Säcken und
Riesenpackungen Mozartkugeln verkauft werden.

Café Heine

Heinestraße 39
Telefon 214 51 58
Montag bis Sonntag 8 bis 1 Uhr
im Sommer Schanigarten

Zeitungen: österreichische Tageszeitungen
Speisen & Getränke: kleine Karte: Toast (öS 28,–), Hühnerfilet garniert (öS 78,–), gebackene Leber mit Kartoffeln (öS 76,–)
Einrichtung & Atmosphäre: Von außen zeigt sich das Heine, mit großer Neon-Namensschrift, Metallfensterrahmen und Plastikstühlen im Garten, wenig einladend. Durchschreitet man den verglasten Windfang, ändert sich das Bild hingegen schlagartig. Das Café in unmittelbarer Nähe des Pratersterns ist ein gediegenes, gutbürgerliches Vorstadtlokal. Zwar sieht man der Einrichtung an, daß sie vollkommen neu gestaltet worden ist, das ist aber behutsam und geschmackvoll geschehen. Der braune Steinfußboden, die dunkle Holzvertäfelung und der helle Deckenverputz passen zusammen. Bei den verwendeten Materialien ist nicht gespart worden. Nicht billige Furniere oder einfache Marmorimitationen haben Verwendung gefunden, sondern massives Holz und solider Stein.
Publikum: Neben dem Kaffeehaus hat die Bezirksorganisation Leopoldstadt der Sozialisten ihren Veranstaltungssaal. Doch Genossen trifft man im Heine selten. Es sind eher die bürgerlichen Pensionisten, die im großen Raum des Heine Schach oder Karten spielen. In einem kleineren Extrazimmer trifft sich die Jugend der Umgebung.

Café Rotunde

Ausstellungsstraße 23
Telefon 218 05 08
Montag bis Freitag 7.30 bis 2 Uhr, Samstag, Sonntag 14 bis 2 Uhr

Zeitungen: Kurier, Kronen Zeitung
Speisen & Getränke: keine Küche
Einrichtung & Atmosphäre: Das Café Rotunde ist der Bahnhofswarte-
saal all jener, für die der Zug schon abgefahren ist. Wer einmal das Gefühl
hat, es gehe ihm schlecht, dem ist ein Besuch in diesem Pratercafé anzu-
raten. Danach weiß man, es kann nur mehr aufwärtsgehen. Hier ist Sack-
gasse.

Kein einziges Bild, nicht einmal ein billiges Reklameschild hängt an der
Wand. Das einheitlich schmutzige Gelb wird von den nackten Neon-

röhren noch in ein grelles, fast unwirkliches Licht getaucht. Der rote Feuerlöscher ist der einzige Farbfleck im Café Rotunde.

Und dennoch ist es ein echtes Wiener Kaffeehaus. Es ist das Wohnzimmer derer, denen nur mehr die Hoffnung bleibt – und manchmal nicht einmal mehr die.

Publikum: Hier treffen sich Pensionisten und Osttouristen auf ein billiges Achtel Wein. Viele lesen Zeitung, aber ihr Interesse gilt zumeist den Stellenangeboten.

Café Sperlhof

Große Sperlgasse 41
Telefon 214 58 64
Montag bis Freitag 12 bis 0.30 Uhr
Samstag, Sonntag, Feiertag 9 bis 0.30 Uhr
Schach, Billard, Tischtennis

Zeitungen: österreichische Tageszeitungen, Weltwoche
Speisen & Getränke: nur sehr beschränktes Angebot, Toast, Frankfurter
Einrichtung & Atmosphäre: Das Sperlhof ist ein mittelgroßes Vorstadtcafé für ein spezielles Publikum: Spieler. Hier sind jedoch nicht die Stoß-
und Pokerspieler zu Hause, die man in der Gegend um den Prater vielleicht erwarten würde, sondern eher die Freunde von Gesellschaftsspie-
len. Auf einem Tisch stehen, in zwei Stapeln geschlichtet, mehrere Brett-

spiele: Trivial Pursuit, Risiko, Inkognito, Junta und DKT sowie mehrere Schachbretter. In zwei Extrazimmern stehen fünf Billardtische sowie ein Tischtennistisch.

Die ganze Einrichtung des Lokals ist der Spiellust untergeordnet. In die einstmals knallroten Skaibezüge sind zahllose Zigarettenlöcher gebrannt – wer denkt schon in der Phase höchster Konzentration an die rauchende Glut? Der Spiegel hinter der großen Bar im Espressostil der 50er Jahre ist zum Anschlagbrett zweckentfremdet worden. Auf zahlreichen aufgeklebten Zetteln werden hier die nächsten Turniere, die aktuellen Ranglisten oder Preise für die Tischbenützung kundgetan.

In einem eigenen kleinen Regal stehen Pokale. Jedoch nicht die schon gewonnenen, sondern solche ohne Inschrift des Turniers und Namen des Gewinners. Die Trophäen kann sich hier jeder selber kaufen – unabhängig vom Ausgang des Wettkampfs.

Publikum: Es sind die bewundernswerten, engagierten Helden des alltäglichen Wettstreits, die das Sperlhof besuchen. Der Cafetier kennt seine Stammgäste alle persönlich und betreut sie fürsorglich. Hier eine interessierte Frage nach Form und Verfassung, da ein aufmunterndes Wort bei Spielerpech. Die fleißigsten Trainierer besuchen das Spielcafé schon am Vormittag.

Café Ascot

Invalidenstraße 11
Telefon 712 63 01
Montag bis Freitag 7 bis 1 Uhr, Samstag, Sonntag 11 bis 24 Uhr
im Sommer kleiner Schanigarten

Zeitungen: österreichische Tageszeitungen, Corriere della Sera, Süddeutsche
Speisen & Getränke: Kaffeespezialitäten: French coffee (kleiner Mocca mit Grand Marnier und Schlagobers, öS 64,–), Rüdesheimer (kleiner Mocca mit Asbach Uralt und Schlagobers, öS 67,–), verschiedene Teesorten in der Kanne frisch aufgebrüht (öS 30,–); kleine Gerichte: Variationen von Gervaisröllchen mit frischen Kräutern und Salat (öS 38,–), Hühnerbrüstchen mit Paprikajoghurt auf Blattsalat (öS 80,–), Steaktoast mit Curryobers überbacken (öS 105,–), Räucherlachs mit würzigem Senfdressing (öS 110,–); Hauptgerichte: Spinatnockerl mit Käse überbacken (öS 80,–), Wiener Schnitzel (öS 130,–), gebratenes Beiriedmittelstück auf Wurzelrahmnudeln mit Speckkohlsprossen (öS 165,–)
Einrichtung & Atmosphäre: Schon von außen läßt das Ascot keinen Zweifel offen. Hier ist alles nur vom Feinsten. Während das große Wohnhaus aus der Jahrhundertwende, in dessen Souterrain sich das Café befindet, in schlichtem weißem Verputz glänzt, protzt das Ascot schon von außen mit schwarzem Marmor. Innen hält es nur fast, was die noble Fassade verspricht. Zwar beeindrucken dunkles Teakholz, gewaltige geschliffene Spiegel, Stuckdecken und heller Marmorboden auf den ersten Blick. Auch das olivgrüne Leder der Polsterbezüge mit den vielen kleinen Messingnieten gibt einem zunächst das Gefühl, tatsächlich in einem britischen Nobelclub Platz zu nehmen. Und unter dem gedämpften Licht der beiden riesigen Kristalleuchter wartet man beinahe auf den Auftritt des Earl of Irgendwas. Doch der kommt nicht. Und nach und nach verblaßt der Talmiglanz.

Plötzlich sieht man die nicht ganz zum feinen britischen Stil passenden Jugendstilfiguren auf den Spiegeln. Und das vermeintliche Donnern der Pferdehufe entpuppt sich als die vorbeiratternde Straßenbahn. Da hilft nicht einmal mehr die große Videowand an der Stirnseite des Lokals. Dort werden hauptsächlich Pferedrennen, aber auch Aufzeichnungen anderer Sportveranstaltungen gezeigt. Im Ascot ist alles darauf angelegt, in Stimmung zu kommen. Denn es gibt eine diskrete, vor den Blicken der Gäste geschützte Tür. Sie führt in ein kleines Spielzimmer und in ein Wettbüro.

Publikum: gepflegte Zocker-Szene

Café am Heumarkt

Am Heumarkt 15
Telefon 712 65 81
Montag bis Freitag 9 bis 24 Uhr, Sonntag, Feiertag 9 bis 16 Uhr,
Samstag geschlossen; Billard, Schach

Zeitungen: österreichische Tageszeitungen

Speisen & Getränke: kleine Gerichte: Frankfurter (öS 31,–), Schinkenrolle (öS 45,–), Schinken mit Kren (öS 49,–), gebackener Käse mit Salat (öS 49,–); Hauptspeisen: Wiener Schnitzel (öS 59,–), Beefsteak mit Spiegelei und Pommes frites (öS 135,–); hausgemachte Mehlspeisen (öS 24,– bis öS 35,–)

Einrichtung & Atmosphäre: Der diskrete Charme der Nüchternheit ist am Heumarkt deutlich spürbar. Dunkelrote Sitzbezüge aus Kunststoff und resopalverkleidete Wände zeigen, daß hier nie besonderer Wert auf das Außergewöhnliche gelegt worden ist. Das Kaffeehaus am Heumarkt war nie eines der besonders vornehmen Art. Deshalb steht man dort auch heute zum bodenständigen Stil.

Im Hauptflügel des L-förmigen Raumes stehen zwei Billardtische eher verloren im Raum. Die Spieler haben um sie herum viel Platz. Die umstehenden Tische und Bänke drängen sich bescheiden an die Wand.

Ein wenig intimere Atmosphäre in der großen, offenen Kaffeehaushalle bietet nur eine kleine Nische an der Rückwand. Hinter einer massiven Säule finden dort gerade zwei Tische Platz.

Das Extrazimmer bleibt Vereinstreffen vorbehalten. Jeden Dienstag versammelt sich hier der Briefmarkenverein „Europa". Gäste sind gerne willkommen.

Publikum: Viele Pensionisten treffen sich im Heumarkt. Nachmittags und abends mischen sich unter die älteren Gäste Schüler des nahegelegenen Akademischen Gymnasiums.

Café Wilhelmshof

Erdbergstraße 27
Telefon 713 27 01
Montag bis Sonntag 7 bis 24 Uhr (im Sommer: Samstag, Sonntag 16 bis 23 Uhr)
Billard, Schach, Erdberger Briefmarkensammlerverein

Zeitungen: österreichische Tageszeitungen, Süddeutsche, Finanz & Wirtschaft, ÖH-Zeitung

Speisen & Getränke: ein Auszug aus der Karte: diverse Salate (öS 65,–), Kärntner Kasnudeln (öS 69,–), Champignons oder Zucchini gebacken mit Sauce tatare (öS 79,–), Fiakergulasch (öS 89,–), Schweinslungenbraten in Bärlauchmantel in einer Kräutersauce mit Pilafreis (öS 98,–), Kalbsleber gebacken mit Sauce tatare, Filetsteak vom Grill mit Salatteller (öS 165,–)

Einrichtung & Atmosphäre: Puristen bezeichnen das Wilhelmshof nicht mehr als Kaffeehaus, sondern als Farbenhandlung. Seit seiner Renovierung im Winter 1990 ist es jedenfalls ziemlich bunt geworden. Die Wände haben einen kräftigen Anstrich aus türkis- und rosafarbenden Rechtecken verpaßt bekommen. In der Deckenbemalung hat der Künstler seiner Farbenfreude noch größeren Freiraum gelassen: Hier liefern sich die beiden Farbtöne ein marmoriertes Duett.

Der große Raum ist durch zahlreiche eckige oder halbrunde kleine Nischen gegliedert. Natürlich springt dem Gast auch hier die Farbe der Polsterung ins Auge: diesmal mit einem etwas dunkleren Türkis. Das beruhigende Weiß der großen Fenster wird von verspielten rosa Schabrackenvorhängen verdeckt. Weiße Kandelaberleuchten und viel Messing runden die Zuckergußatmosphäre ab. Nur zur nostalgischen Erinnerung: Vor seiner Neugestaltung war das Wilhelmshof ein gemütlich vergammeltes Altwiener Kaffeehaus mit knarrendem Parkettboden, Kirschholztäfelung und leicht abgewetzten, gemütlichen Plüschbezügen.

Publikum: Auch nach der Renovierung sind die Stammgäste ihrem Café treu geblieben. Abends ist das Wilhelmshof ein beliebter Treffpunkt der Schach- und Billardmeister. Mittags delektieren sich hier gerne die Büroangestellten eines großen Waschmittelproduzenten an der vorzüglichen Küche. Ansonsten herrscht eher Stille im Wilhelmshof. Die Kellnerin nickt dann gern ein wenig ein – und träumt vielleicht davon, wie es früher einmal war.

Café Zartl

Rasumofskygasse 7
Telefon 712 55 60
Montag bis Freitag 8 bis 24 Uhr
Samstag 8 bis 18 Uhr
Billard, Schach, Backgammon

Zeitungen: österreichische Tageszeitungen, Die Zeit, Süddeutsche, FAZ, Neue Zürcher, Herald Tribune
Speisen & Getränke: kleine Gerichte: Wurstbrot (öS 24,–), Essigwurst mit Zwiebel (öS 30,–), Knoblauch-Toast (Spiegelei mit Knoblauchrahm, öS 38,–); Hauptgerichte: Emmentaler gebacken (öS 58,–), Hühnerkeule mit Kartoffeln und Salat (öS 76,–), Zanderfilet mit Kräuterbutter und Kartoffeln (öS 95,–)

Einrichtung & Atmosphäre: Ende des vorigen Jahrhunderts war das Kaffeehaus in der Rasumofskygasse noch ein bescheidenes Lokal. Es hatte nichts vom Flair der großen Ringstraßencafés. Es war vielmehr eine schmucklose kahle Halle, in der man eben Kaffee trank. Nach dem Ersten Weltkrieg bekam es neue Besitzer, die dem Café seinen Namen und eine neue Erscheinung gaben: Kristalluster, Billardtische und rote Plüschbezüge machten das Zartl zu einem der ersten Cafés im Bezirk. Damit wurde es auch zu einem Literatencafé. Robert Musil, Richard Tauber und Heimito von Doderer machten es zu ihrem Stammcafé.

Im Zweiten Weltkrieg wurde das Café durch Bomben teilweise zerstört. Doch nach der Renovierung fanden sich zahlreiche Stammgäste wieder ein, und neue große Namen kamen dazu. Georg Eisler, Barbara Frischmuth, Karl Farkas, Milo Dor, Friedrich Gulda oder Jeannie Ebner gingen und gehen noch in das erste Cafe des dritten Bezirks.

1982 wurde es zum zweiten Mal renoviert – behutsam und gefühlvoll. Zwei große, in spitzem Winkel zulaufende Flügel, durch große, gewölbte Bögen von der Haupthalle abgeteilt, bieten viel Raum. Die Einrichtung präsentiert sich heute prächtig und prunkvoll. Grün-gold gestreifte Sitzbezüge, rosa-gold gestreifte Tapeten mit Blumenornamenten und große goldgerahmte Spiegel prägen das Zartl.

Publikum: bunt gemischt

143

Café Anzengruber

Schleifmühlgasse 17
Telefon 587 82 97
Montag bis Samstag 11 bis 2 Uhr
Billard

Zeitungen: österreichische Tageszeitungen

Speisen & Getränke: kleine Gerichte: Schinken- oder Käsebrot (öS 22,–), Speck mit Ei (öS 35,–), Frankfurter mit Saft (öS 45,–), Mozzarella mit Tomaten (öS 55,–); Hauptgerichte: Rindsgulasch mit Salzkartoffeln (öS 65,–), Wiener Schnitzel mit Petersilkartoffeln (öS 75,–), Steak mit Beilage (öS 130,–)

Einrichtung & Atmosphäre: Auch im Anzengruber hat man leider den unwiderstehlichen Drang verspürt, das Lokal zu renovieren. Auf Originalität und Stiltreue wurde dabei kaum Wert gelegt. Die neue Kaffeehausarchitektur besteht aus grauem Linoleum, rosa-türkisfarbenem Plüschbezug in modernen Designs, das Ganze noch betont durch breite rosa-braun gestreifte Vorhänge. Die schmucklose, auf Hochglanz polierte Holzvertäfelung fügt sich nahtlos in das Bild. Besonders bequem und rückenfreundlich sind die Bänke: Die Lehnen reichen gerade bis ins Hohlkreuz und provozieren dadurch die nach vorne gebeugte, auf den Tisch gestützte Lümmelhaltung, rasches Verlassen des Cafés oder den Wechsel in den Billardraum. Hier ist alles noch beim – schönen – alten, wenn man über die silbernen Rohre der Gasheizung hinwegsieht.

Publikum: Untertags herrscht gähnende Leere im Lokal. Abends ist das Anzengruber meist ziemlich voll. Schließlich liegt es in einem Viertel, in dem sich eine Bar an die andere und ein Espresso an das nächste reiht.

Café Goldegg

Argentinierstraße 49
Telefon 505 91 62
Montag bis Freitag 7 bis 22 Uhr, Samstag, 8 bis 13 Uhr
Billard

Zeitungen: österreichische Tageszeitungen, Die Zeit, FAZ, Süddeutsche, Weltwoche, Neue Zürcher

Speisen & Getränke: Schinken-Käse-Toast (öS 33,–), Frankfurter mit Saft (öS 45,–), geröstete Knödel mit Salat (öS 60,–); Hauptgerichte: Rindfleisch mit Gemüse und Kartoffeln (öS 80,–), Kotelett mit Pommes frites (öS 90,–), Rumpsteak mit Spiegelei und Pommes frites (öS 140,–), frische Mehlspeisen (öS 25,– bis öS 45,–)

Einrichtung & Atmosphäre: In einem Viertel mit abbruchverdächtigen, niedrigen Häusern liegt das schönste Kaffeehaus von Wieden, das sicherlich auch zu den schönsten Wiens gehört. Das Goldegg könnte als Musterexponat in einem Kaffeehausmuseum stehen. Dabei sind das Café und seine Einrichtung nicht einmal den Plänen eines großen Wiener Architekten vom Range eines Hoffmann oder Loos entsprungen. Anläßlich der 1988 erfolgten Renovierung versuchte der Besitzer im Bezirksmuseum und anderen historischen Quellen der Geschichte des Lokals nachzugehen – ohne besonderen Erfolg. Lediglich, daß das Goldegg 1910 von der bekannten Wiener Kaffeehausfamilie Dobner gegründet wurde, konnte in Erfahrung gebracht werden. Es wurde mit einem Aufwand von rund drei Millionen Schilling originalgetreu restauriert und steht heute unter Denkmalschutz.

Das Auffälligste am Goldegg ist seine Wandvertäfelung. Vier hellbraune Holzteile sind dabei jeweils zu einem rechteckigen Mosaik gruppiert. Ihre Maserungen bilden ein sternförmiges Muster. Im Zentrum liegen zarte Intarsien aus Ebenholz. An den zahlreichen Ecken der Fenster-

nischen und Mauervorsprünge begrenzen zarte schwarze Säulen mit vergoldeten Kapitellen das kunstvolle Mosaik. Ein schwarzes Meandermu-
ster bildet den oberen Abschluß der Vertäfelung. Ein heller Parkettboden,
schwarze Marmortische mit weißer Äderung und dunkelgrüne Plüschbezüge dienen dem kunstvollen Ensemble als dezenter Hintergrund.

Publikum: Im Goldegg sitzen selten viele Gäste. Ein paar Pensionisten,
für die es schon lange ihr Stammcafé ist. Einige Schüler und Studenten,
junge Leute, die die Schönheit des Lokals für sich entdeckt haben. Es ist
ein Geheimtip, den noch nicht viele kennen. Profis bedienten sich jedoch
schön öfters des typischen Wiener Kaffeehausambientes: Nicht ohne
Stolz erzählt der Cafetier des Goldegg Friedrich Turek, daß sein Lokal
schon als Kulisse für zahlreiche Filmaufnahmen verwendet wurde.

Café Krapfenbauer

Argentinierstraße 17
Telefon 504 33 86
Montag bis Freitag 7 bis 22 Uhr

Zeitungen: österreichische Tageszeitungen

Speisen & Getränke: kleine Gerichte: Schinken-Käse-Toast (öS 29,–), Frankfurter mit Senf und Kren (öS 33,–), Ham and eggs (öS 50,–); Hauptgerichte: Ćevapčići garniert mit Pommes frites (öS 65,–), Wiener Schnitzel (öS 85,–), Cordon bleu mit Salat (öS 90,–); hausgemachte Mehlspeisen (öS 25,– bis öS 40,–)

Einrichtung & Atmosphäre: Das Krapfenbauer spielt Jugendstil – ein wenig künstlich, aber ziemlich sauber. Den Kern des Lokals bildet eine schlangenförmig gewundene Bankreihe in der Mitte des Cafés. Jede Einbuchtung beherbergt eine Sitznische. Entlang der Wände dasselbe Bild: halbkreisförmige Bänke, mit dezentem blaugrauem Stoff bezogen. Die Tische davor sind gerade tellergroß.

Wie bei all diesen oberflächlich historisierenden Cafés üblich, wird auch hier viel helles Holz verwendet. Die Wände sind dazu passend in zarten Pastelltönen gehalten. Als Gegensatz prangen zwischen den Fenstern aufdringlich große gemalte Blumensträuße, mit den verspielten Schnörkseln der Zeit um 1900 verziert.

Publikum: Für die Angestellten der zahlreichen ausländischen Vertretungen und die Mitarbeiter des ORF-Hörfunks ist das Krapfenbauer eine ihrer Mittagskantinen. Ansonsten ist eher still in dem Neojugendstilcafé.

Café Wortner

Wiedner Hauptstraße 55
Telefon 505 32 91
Montag bis Freitag 10 bis 23 Uhr, Samstag 8 bis 20 Uhr
Winteröffnungszeiten: Montag bis Freitag
7 bis 23 Uhr, Samstag 9 bis 23 Uhr
jeden 1. Dienstag im Monat Vernissagen, Klaviermusik während der
Wintermonate, Lesungen, Billard

Zeitungen: österreichische Tageszeitungen
Speisen & Getränke: Kaffeespezialitäten: Wortner Spezial (doppelter Mocca, Wiener Kaffee-Likör, ein Schuß Marillenbrand, Schlagobershaube mit Eierlikör, öS 72,–), Kaffee Amaretto (Mandellikör, doppelter Mocca, Schlagobers, öS 68,–), Tia Maria (Rum, Kaffeelikör, doppelter Mocca, Schlag, öS 62,–); 13 verschiedene Teesorten in der Kanne frisch aufgebrüht (öS 21,– bis öS 38,–); Toastspezialitäten: Schinken-Käse-Toast (öS 38,–), Schweinslungenbraten in Senfsauce auf Toast mit kleinem Salat (öS 86,–); Gemüse-Vollwertgerichte: Broccoli-Speckröllchen mit Käse überbacken (öS 72,–), zarter Gemüseflan mit Petersilkartoffeln (öS 78,–); Hauptgerichte: Hühnerbrust in Currysauce mit Rosinenreis (öS 102,–), Girardirostbraten (öS 122,–); frische Mehlspeisen (öS 26,– bis öS 65,–)
Einrichtung & Atmosphäre: Auf einer kleinen goldenen Tafel, ähnlich den Namensschildern von Ärzten oder Rechtsanwälten, steht an der Hausmauer geschrieben: „Dieses Kaffeehaus wurde 1984 renoviert". Der Stolz ist nicht unberechtigt. Das Wortner ist ein äußerst gefühl- und geschmackvoll wieder hergerichtetes Café. Sein Ursprung ist dabei nicht verdeckt worden. Bereits 1346 wird es als „Gasthaus Goldener Schlüssel" erstmals urkundlich erwähnt. 1880 übernahm es der Kaffeesieder Ferdinand Wortner und machte es zu einem Kaffeehaus. Die niedrigen Räume

und die kleinen Fenster erinnern noch heute an die Wirtshauszeit des Wortner. Die übrige Gestaltung ist ganz im Sinne bester Wiener Kaffeehaustradition. Die massive Holzvertäfelung, mit Reliefs gemustert, wird von einer zart gestreiften Biedermeiertapete abgelöst. Von der Stuckdecke hängen schwere Kristalluster. Man versinkt förmlich in den hohen, mit olivgrünem Plüsch bezogenen Sitzbänken.

Süße Wiener Mädel in schwarzen Röcken, wippenden Schürzchen und weißen Spitzenblusen kümmern sich – unterstützt bis angetrieben von einem grantigen Oberkellner – um die Gäste.

Publikum: Eher die gehobenere Bürgerschaft geht gerne ins Wortner. Schüler, Studenten, gut gestylte Intellektuelle und auch krawatten- oder mascherlbewehrte Yuppies treffen sich in diesem Kaffeehaus.

Café Rüdigerhof

Hamburgerstraße 20
Telefon 586 31 38
Sonntag bis Freitag 11.30 bis 2 Uhr
Billard, Schach, Backgammon, großer Garten

Zeitungen: österreichische Tageszeitungen
Speisen & Getränke: Butterbrot (öS 12,–), Schinkenbrot (öS 25,–), Würstl mit Senf (öS 26,–), faschierte Laibchen mit Senf (öS 32,–), Augsburger mit Röstkartoffeln (öS 45,–), geröstete Leber mit Salzkartoffeln (öS 55,–), Wiener Schnitzel (öS 80,–); hausgemachte Mehlspeisen (öS 12,– bis öS 50,–)
Einrichtung & Atmosphäre: Der Rüdigerhof strahlt in neuem Glanz, zumindest außen. Das vom Otto- Wagner-Schüler Oskar Marmorek 1904 erbaute Haus wurde gründlich saniert. Die Fassade erhielt einen neuen weißen Verputz, die Ornamente wurden in Hellblau und Gold gestrichen. Das ganze Haus springt dem Betrachter sofort ins Auge.
Wohl auch aufgrund der außergewöhnlichen Lage. Das Haus steht zwischen Rechter Wienzeile und Wienfluß, und seine Wände laufen wie ein Dreieck zusammen. Über eine schmale Treppe gelangt man auf eine kleine Terrasse. In dem baumbewachsenen Vorgarten sitzend, kann man das Verkehrsgedonner der Einfallsstraße in die Innenstadt genießen oder das vom Pfeifen der U-Bahn unterbrochene Rauschen des Wienflusses.
Wenn man sich von soviel Zivilisationsromantik erdrückt fühlt, geht man ins Café. Das Rüdigerhof besteht aus drei Teilen. Der große dreieckige Hauptraum ist ein vom Schmutz der Jahre sanft befreites Kaffeehaus im Espressostil der 50er Jahre. Die stilvollen Elemente, wie die zu einem Stern angeordneten Neonröhren, die alten Messingkleiderständer und die Bar, wurden belassen. Dazwischen wurden nur die Wände aus-

gemalt und ein wenig neuer Stoff auf Sessel aufgetragen. Seinen alten Charakter hat das Café dadurch nicht verloren.

Über Stufen kommt man in die beiden Seitenschiffe. Im rechten Teil stehen die Billardtische. Links sind die Kartenspieler und Barsteher zu Hause.

Publikum: Im Hauptraum hockt die Szene, alternativ bewegte Schüler, Studenten oder Punks mit einem Hang zum Nihilismus. Stachelfrisuren und lange Haare, geflickte Jeans und nietenbeschlagenes Lederoutfit sitzen hier einträchtig nebeneinander.

Ein schon etwas zerschlissener Vorhang trennt die Generationen. Im linken Seitenflügel sitzt das alte Wien. Männer mit zerfurchten Gesichtern heben hier ihr Weinglas. Sie streiten über Karten, ärgern sich über den Nachbarn oder erklären die Welt und das Leben, das es mit ihnen nicht immer gut gemeint hat.

Café Amerling

Amerlingstraße 17
Telefon 587 02 27
Montag bis Sonntag 12 bis 1 Uhr

Zeitungen: österreichische Tageszeitungen
Speisen & Getränke: Toast und Frankfurter, hausgemachte Mehlspeisen (öS 25,–)
Einrichtung & Atmosphäre: Von außen übersieht man es leicht. Die Fassade des Cafés ist gerade eine Tür und ein schmales Fenster breit. Noch dazu verheißen die silber gestrichenen Rahmen und das Rippenglas zunächst nichts Gutes. Betritt man das Café, ist die Überraschung perfekt. Drei hintereinanderliegende, hohe, fast hallenartige Räume tun sich dem Besucher auf. Das Amerling ist ein urgemütliches Altwiener Kaffeehaus, in dem außer neuem Verputz und Sitzbezügen nicht herumrenoviert worden ist. Die Bänke sind schon ziemlich durchgesessen. Auch das Korbgeflecht der Stühle zeigt schon ein paar Verfallserscheinungen. Das Licht kommt von Neonröhren, die sternförmig zu einem Leuchter zusammengefaßt sind. In der Mitte des Lokals dreht sich langsam ein Ventilator.
Publikum: Das Amerling ist nicht zuletzt wegen seiner geringen Größe stets voll. Generationen von Schülern des gegenüberliegenden Gymnasiums haben hier schon ihre Nachmittage verbracht, zumeist bei Bier und Würfelpoker.

Café Drechsler

Linke Wienzeile 22
Telefon 587 85 80
Montag bis Freitag 4 bis 20 Uhr, Samstag 4 bis 18 Uhr
Billard, Schach

Zeitungen: österreichische Tageszeitungen
Speisen & Getränke: Linsen mit Knödel (öS 32,–), Schinken mit Ei (öS 42,–), Wiener Schnitzel mit Salat (öS 52,–); hausgemachte Mehlspeisen: Apfelstrudel, Mohnstrudel (öS 20,–)
Einrichtung & Atmosphäre: Wenn man um vier oder fünf Uhr in der Früh nach einer Nacht voll Alkohol, Rauch und Leere in der Wienzeile eine Endstation sucht, steht er manchmal vor der Türe: Engelbert Drechsler atmet die Morgenluft des erwachenden Naschmarkts ein und begrüßt seine ersten Gäste. Bei seiner Großmutter Leopoldine Drechsler waren es noch die Standler des Naschmarkts, die hier bei einem kleinen Gulasch ihren Tag begannen. Heute sind es die Drahrer und Nachtvögel der Stadt, die bei Sonnenaufgang ins Drechsler einfallen. Der Tag endet und beginnt im Café an der Wienzeile. Untertags ist die Stimmung gedämpft. Niemand spricht besonders laut im Drechsler. Nur das Klicken der Billardkugeln und das Klingeln der alten Registrierkasse durchbricht die Ruhe. Dem Lokal sieht man seinen Lebenswandel an. Der Rauch von Millionen Zigaretten hängt in den Wänden. Die ehemals hellgelbe Tapete mit dem zarten Blümchenmuster ist mittlerweile dunkelbraun, in den Ecken sogar schon schwarz geworden. Auch die einst dunkelroten Kunstlederbezüge heben sich kaum mehr von den schwarz-grau geäderten Marmortischen ab.

Über zwei Stufen steigt man in die Billardhalle hinab. Mit der schmutzigweißen Wandtäfelung, den grünen Sitzbezügen und Filzbespannungen der Billardtische wirkt dieser Raum ein wenig freundlicher als der ei-

gentliche Kaffeehausteil. Aber das Drechsler ist kein Café der leichten Heiterkeit. Die Stimmung hat etwas Bizarr-Schönes, wenn die Stadtschwärmer hier die Nacht beenden. Bei einem Gulasch und einem Bier oder einem rettenden Kaffee wird das Treiben des langen Abends beendet. Wer will das schon in einem strahlend reinen, hellen Café?

Publikum: Die Szene Wiens trifft sich hier in ihren unterschiedlichsten Schattierungen. Ewig bärtige Alternative mit langen Haaren sitzen neben Maßschuh- und Krawattenträgern. Nach einer langen Nacht sind alle Menschen gleich. Nur am Samstag ist das Drechsler auch während des Tages voll. Ab Mittag ist es dann ein beliebter Treffpunkt der Naschmarkt- und Flohmarktbesucher.

Café Jelinek

Otto-Bauer-Gasse 5
Telefon 597 41 13
Montag bis Freitag 8 bis 21 Uhr
kleiner Schanigarten

Zeitungen: österreichische Tageszeitungen, Süddeutsche, Neue Zürcher, FAZ

Speisen & Getränke: sehr beschränktes Angebot: Frankfurter mit Senf (öS 30,–), Eierspeise (öS 35,–), hausgemachte Mehlspeisen (öS 25,–)

Einrichtung & Atmosphäre: Suchen Sie Familienanschluß? Dann gehen Sie ins Jelinek. Es ist ein kleines, wie ein gutbürgerliches Wohnzimmer geführtes Kaffeehaus. In dem fast schon putzigen Ecklokal finden gerade sieben Sitzecken in den Fensternischen Platz. Um den einzigen frei im Raum stehenden Tisch sind dafür bequeme Fauteuils gruppiert. Der Parkettboden ist schon etwas abgetreten, die grünen Plüschbezüge leicht abgewetzt. Hie und da löst sich die zart gemusterte Tapete von den Wänden. Mitten im Wohnzimmer steht ein alter gußeiserner Ofen. Über eine Treppe gelangt man in ein kleines Extrazimmer.

Man hat hier das Gefühl, in eine leicht abgewohnte, aber sehr gemütliche Wohnung geraten zu sein. Und jeder Gast gehört rasch zur Familie dazu. Die Frau des Cafetiers serviert das Achterl Wein mit einer Handvoll Soletti im Glas und den fürsorglichen Worten: „Dann raucht man weniger und trinkt mehr." Sie ist überhaupt die Seele des Lokals. Gästen erklärt sie liebend gerne ihre Sicht der Kaffeehausphilosophie: „Wir wollen bewußt ein kleines, altes Café bleiben. Es neu herzurichten würde alles zerstören, denn die jungen Leute lieben das Alte."

Publikum: Am Vormittag ist das Jelinek oft leer. Man bietet bewußt nur kleine Kaffeehausgerichte an und will nicht zum Gasthaus werden, nur um mehr Leute anzulocken. Die Stammgäste kommen ohnehin – und das reicht für das kleine Lokal. Viele Pensionisten genießen hier das, was man traditionellerweise in einem Kaffeehaus tut: bei einer Schale Kaffee stundenlang Zeitung zu lesen. Vielen Jugendlichen ist das Jelinek tatsächlich zur zweiten Wohnung geworden. In der Familienatmosphäre fühlt man sich schnell zu Hause.

Café Ritter

Mariahilfer Straße 73
Telefon 587 82 37
Montag bis Sonntag 7.30 bis 22 Uhr; im Sommer Schanigarten

Zeitungen: österreichische Tageszeitungen, FAZ, Süddeutsche, Neue Zürcher

Speisen & Getränke: Schinken-Omelette (öS 50,–), Ham and eggs (öS 55,–), Fleischknödel mit Sauerkraut (öS 60,–), Wiener Schnitzel (öS 86,–), Cordon bleu (öS 95,–), hausgemachte Mehlspeisen (öS 20,– bis öS 50,–)

Einrichtung & Atmosphäre: Das Ritter ist eine Melange aus zwei verschiedenen Stilrichtungen. Holzvertäfelung, Stuckdecke und Kristallleuchter zeugen von einer Herkunft aus der Jahrhundertwende. Tatsächlich wurde das Café 1867 im ehemaligen Sommerpalais des Fürsten Esterházy eröffnet. Die zierlichen Fauteuils, mit dunkelrotem Kunstleder bezogen, sind hingegen original 50er-Jahre-Stil. Trotzdem fügen sich die beiden Stile irgendwie harmonisch ineinander. Mit etwas Farbe hat man wieder Glanz in die hohe Halle des Cafés gebracht. Durch die Renovierung ist dem Ritter nichts von seiner braven, bürgerlichen Atmosphäre verlorengegangen. Die großen, breiten Fenster machen es zu einem sehr hellen Café. Der Trubel und Lärm der Mariahilfer Straße gehört damit zum Lokal dazu.

Publikum: Das Ritter war nie ein Café mit berühmten Gästen. Und so ist es auch heute. Gutbürgerlich bis bieder sind seine Besucher. Vereinzelt verirren sich ein paar Studenten in das Lokal. Auch manche Journalisten schätzen die Ruhe des Ritter. Unter der Woche ruhen sich shoppingmüde Einkäufer von der Mariahilfer Straße hier aus.

Café Savoy

Linke Wienzeile 36
Telefon 586 73 48
Montag bis Freitag 17 bis 2 Uhr, Samstag 9 bis 17.30 und 21 bis 2 Uhr
im Sommer Schanigarten

Speisen & Getränke: keine Küche

Einrichtung & Atmosphäre: Früher hieß es Wienzeile und war der Treffpunkt einer gewissen Szene, die auch in der nicht mehr bestehenden Gärtnerinsel mit leise zugeraunten Worten ihre Ware anbot. Heute heißt es Café Savoy und ist allem Anschein nach sauber. In den wilden Siebzigern war es ein Café mit durchgesessenen und zerschlissenen Plüschsofas. In den braven Neunzigern ist das Savoy ein schönes Kaffeehaus in üppigem Barockstil mit Stuck an der Decke und Stuck an den Wänden, viel Messing und brauner Farbe.

Große goldgerahmte Spiegel und ein riesiger Kronleuchter zieren das Lokal. Statt auf rotem Plüsch sitzt man jetzt auf gepflegtem cognacfarbenem Leder. Die Drinks stellt man auf rosa-braun gemaserte Marmortischchen. Oder man lehnt lässig an der ganz mit Messing verkleideten Bar.

Das Savoy ist ein verspielt eingerichtetes Café. Wo sich ein freier Platz gefunden hat, stehen goldene Schalen, alte Kerzenleuchter, Samoware oder kleine Lämpchen. Über der Eingangstüre prangt jedoch das absolute Prunkstück: ein gut gebauter Jüngling, der nicht nur Frauenherzen höher schlagen läßt.

Im Savoy hat man das Gefühl, in einem Ausstellungsraum des nahen Flohmarkts zu sitzen.

Publikum: Ein Szenetreff ist es auch heute noch. Am Samstag, nach dem obligaten Flohmarktbummel, treffen sich hier die bunt gestylten Aufsteiger, bestreut mit einer Prise Alternativkultur durch einige langhaarige Bartträger. Abends ist es einer der beliebtesten Treffpunkte der Schwulenszene Wiens.

Café Sperl

Gumpendorfer Straße 11
Telefon 586 41 58
Montag bis Samstag 7 bis 23 Uhr, Sonntag 15 bis 23 Uhr
(Juli, August sonntags geschlossen)
Billard

Zeitungen: österreichische Tageszeitungen, Le Monde, The Times, Corriere della Sera, Die Zeit, Süddeutsche, FAZ, Weltwoche
Speisen & Getränke: kleine Karte: Schinken-Käse-Toast (öS 33,–), Eierspeis von drei Eiern (öS 45,–); Hauptgerichte: Schweinsbraten (öS 78,–), Wiener Schnitzel (öS 86,–), Rindfleisch mit Gemüse (öS 86,–)
Einrichtung & Atmosphäre: Das Sperl ist eines der großen, traditionsreichen Wiener Kaffeehäuser. 1880 wurde es von Schülern Theophil Hansens erbaut und bekam kurze Zeit später von den damaligen Besitzern seinen heutigen Namen. Zu Beginn des 20. Jahrhunderts war das Sperl ein beliebter Treffpunkt der Künstler aus der nahen Secession und – als Gegensatz dazu – der Militärs der k. u. k. Kriegsschule. 1983 wurde das Kaffeehaus in der Gumpendorfer Straße renoviert und erstrahlt seither wieder im überschwenglich prachtvollen Stil der letzten Jahre der Monarchie. Zwei wesentliche Bestandteile der Einrichtung sind dabei erhalten geblieben: der kleine, kunstvoll verzierte Holztresen, hinter dem zumeist eine Frau saß und die Rechnungen bonierte, und der prächtige Windfang des Cafés. Er besteht aus einem eigenen kleinen Vorraum und einem etwas schmäleren Gang, den man durchschreiten muß, bevor man das Lokal betritt. Die weit ins Café hineinragende zierliche Holzkonstruktion bietet den erwartungsvoll die kommenden Gäste betrachtenden Besuchern ein reizvolles optisches Verwirrspiel: Auf den ersten Blick ist der Windfang komplett verglast. Die eintretenden Kaffeehausgäste sind zunächst deutlich erkennbar. Plötzlich scheinen sie jedoch ver-

schwunden zu sein. Die optische Täuschung entsteht durch Spiegel im Mittelteil des schmalen Ganges, die wie durchsichtiges Glas wirken, den neuen Gast aber „verschlucken".

Dann teilt sich das Sperl in zwei große Flügel. Der linke Teil ist ausschließlich den Zeitungslesern und Kaffeetrinkern vorbehalten. Rechts vom Eingang versuchen Billard- und Kartenspieler ihr Glück.

Publikum: bunt gemischt

Burg-Café

Burggasse 28–32
Montag bis Freitag 7.30 bis 2 Uhr,
Samstag, Sonntag 13 bis 2 Uhr
Billard, Schach

Zeitungen: österreichische Tageszeitungen
Speisen & Getränke: Lasagne mit Salat (öS 52,–), Berner Würstel (öS 55,–), Beuschel (öS 58,–), Kartoffelgulasch (öS 62,–); frische Mehlspeisen: Germknödel (öS 34,–), Mohr im Hemd (öS 36,–)
Einrichtung & Atmosphäre: Wildwest in Neubau. Das Burg ist eine skurrile Mischung aus Kaffeehaus, Bar und Salon.
Das Café: Unwahrscheinliche Geschmacksverirrungen wechseln sich mit zum Teil liebevoll restaurierten Stücken einer alten Kaffeehauseinrichtung ab. Resopalbeschichtete Tischplatten erinnern an mißglückte Aquarelle. Die Sitznischen haben diese halb-achteckige Anordnung, die moderne Espressoarchitekten wohl als „kommunikativ" empfinden. Dem steht wiederum eine auberginefarbene Decke mit goldgelber Stukkatur entgegen. Die Farben tanzen hart am Rand zum Kitsch, passen aber in die Atmosphäre. Ein alter Deckenventilator tut träge seinen Dienst. Über das ganze Lokal sind Jugendstillämpchen verteilt. Von ihren halbkugelförmigen Messingschirmen baumeln lange Glasstäbchen.

Die Bar: Viel Messing und dunkles Holz sind der Rahmen für Regale voller Gläser und Flaschen. Trotzdem reicht das Angebot. Ein Besoffener macht um Mitternacht eine attraktive Hennarote an, die am Barhocker hängt. An ihrer Seite weiß ein Langhaar-Wuschelkopf nicht, was er machen soll. Er verfällt in ein hilflos verständnisvolles Gespräch mit dem Betrunkenen. Der tapscht die Frau unbeirrt weiter an. Die Stimmung wird unbehaglich. Bis der türkische Cafétier die Szene nicht mehr aushält. Wie ein Kind führt er den Grapscher auf die Straße.

Langhaar-Wuschel ruft ein freundliches „Auf Wiedersehen!" hinterher. In noch ein wenig türkisch gefärbtem Wienerisch kann der Cafétier nur mehr „I pack ihm net" murmeln. Wen er meint, ist nicht ganz klar.

Der Salon: Über einer schmalen Tür hängt ein grünes Schild mit Kurrentbuchstaben: Billard. Dahinter liegt ein großer Saal. 15 Tische, mit grünem Filz bezogen, stehen hier in Reih und Glied. Ein Stockwerk tiefer wiederholt sich das Bild. Hier ist eine der größten Billardhallen Wiens.

Publikum: Marie Colbin, die Hauptdarstellerin aus „Carambolage", einem Film um eine Frau, die in die Männerdomäne Billard einbricht, hätte ihre helle Freude. Zahlreiche junge Frauen von 16 aufwärts spielen hier Billard. Im Café und an der Bar hängt eine bunte Mischung aus Alternativen, Kindern und Alten des Bezirks herum.

Café Nepomuk

Neustiftgasse 27
Telefon 526 39 19
Montag bis Sonntag 7 bis 23 Uhr

Zeitungen: österreichische Tageszeitungen
Speisen & Getränke: minimalstes Angebot: belegtes Gebäck (öS 17,–),
Spezial-Toast (öS 24,–), Würstel (öS 28,–), hausgemachte Mehlspeisen
(öS 18,– bis öS 22,–)
Einrichtung & Atmosphäre: Das Nepomuk liegt im Souterrain eines al-
ten Biedermeierhauses. Es lebt von seinen verwinkelten und engen Räu-
men. Man hat das Gefühl, in ein Puppenkaffeehaus geraten zu sein. Beim
Betreten zieht man sofort den Kopf ein. Die Gewölbedecke des kleinen
Raumes ist kaum zwei Meter hoch. Über eine schmale Treppe gelangt

man von dem miniaturartigen „Hauptraum" in ein noch winzigeres Extrazimmer. Hier ist Kopfeinziehen absolut notwendig. Verliebte ziehen sich hierher gerne zum Turteln zurück. Selbst wenn die Kellnerin manchmal strenge Blicke auf sie wirft.

Das Nepomuk ist ein vollkommen neu gestaltetes Café. Abgewohntes, schon leicht Zerschlissenes wird man hier vergeblich suchen. Kirschholz, großflächig und schmucklos verarbeitet, beherrscht die kleinen Räume. Spiegel und Messingzierat „verschönern" das putzige Gewölbe. In einer winzigen Nische hat sogar noch eine Slotmachine Platz gefunden. Sie blinkt aufdringlich vor sich hin. Die Gäste werden von Radiomusik (Ö-Regional) berieselt.

Publikum: Höhere Töchter im Teenageralter finden das Café Nepomuk „ganz hinreißend". Aber auch Pensionisten der wohlhabenderen Bürgerschicht trinken hier gerne ein Melangerl.

Café Rio

Kaiserstraße 70d
Telefon 523 47 73
Montag bis Samstag 8 bis 2 Uhr
Billard, Schach

Zeitungen: österreichische Tageszeitungen
Speisen & Getränke: Frankfurter (öS 25,–), Ham and eggs von drei Eiern (öS 44,–), Specklinsen mit Knödel (öS 45,–), Schweinsbraten mit Kraut (öS 68,–)
Einrichtung & Atmosphäre: Der Name klingt nach verqualmter Luft, schmutzigen Wänden, Kartenspiel und Unterwelt. In Wahrheit ist das Rio ein stinkbiederes Kaffeehaus. Weiße Tücher und saubere Servietten liegen auf den Tischen. Von der mit Kunststoffplatten verkleideten

172

Decke hängen Lampen mit hübschen braunen Stoffschirmchen. Der Höhepunkt der soliden Bürgerlichkeit ist die schmale Rückwand des Lokals: Eine riesige Fototapete – Motiv Blumengarten – versprüht unschuldigste Stimmung. An den hell getünchten Wänden hängen Repros von Luftpinselgemälden. Sanfte, rehäugige Mädchen blicken unschuldig auf die Gäste.

Die weniger heile Welt ist im kurzen Flügel des L-förmigen Raumes angesiedelt. Hier stehen ein Poolbillard und eine Slotmachine. Während des Tages ist die Stimmung verdächtig ruhig. Kurz nach Sonnenuntergang, wenn die ersten schillernden Figuren das Rio betreten, entfährt der Kellnerin, die einmal eine Schönheit gewesen sein muß, der Satz: „Na servas, jetzt geht's los."

Publikum: Ein langhaariger Schnauzbart betritt das Rio und setzt sich wortlos hinter den einarmigen Banditen. Die Lichter beginnen zu blinken. In die Maschine kommt Leben. Auch in das Lokal. Nach und nach versammeln sich die skurrilsten Typen. Eine schwarze Lederjacke mit einer Fastglatze bestellt das erste von unzähligen Bieren. Eine schneeweiße Frau mit blauschwarzem Haar streift mit unruhigem, flackerndem Blick herum. Im Rio treffen sich Punks, Alternative und kleine Strizzis – aber erst am Abend. Während des Tages gehört das Lokal der heilen Welt. Da sitzen auch dezente Kleinbürger hier bei ihrer Melange und Zeitung.

Café Westend

Mariahilfer Straße 128, Telefon 523 31 83
Montag bis Sonntag 7 bis 23 Uhr

Zeitungen: österreichische Tageszeitungen, FAZ
Speisen & Getränke: Käsebrot (öS 22,–), Bratwürstel mit Sauerkraut und Kartoffelpüree (öS 62,–), gebackene Champignons mit Mayonnaise (öS 63,–), Truthahnschnitzel mit Salat (öS 90,–), Puten-Cordon-bleu mit Salat (öS 108,–); hausgemachte Mehlspeisen
Einrichtung & Atmosphäre: Hier endet die Stadt. Beim Westend hört die Mariahilfer Straße auf, eine Einkaufsstraße zu sein. Danach ist sie nur mehr eine Häuserzeile. Hier liegt die Grenze zwischen Innen- und Außenbezirken. Alles, was nach dem Westend kommt, ist Vorort. Und hier öffnet sich auch das Tor zur weiten Welt. Gegenüber vom Café Westend liegt der Westbahnhof. Von hier aus gehen die Züge nach Wels, Hamburg und in die restlichen Städte Mitteleuropas. Die Großstadt endet mit Stil. Gewaltige, hohe Räume, üppige Stukkaturen und lindgrüne Holztäfelungen verabschieden den Reisenden, entlassen den Stadtbesucher wieder in den Vorort. Als nobles Ringstraßencafé würde das Westend eine genauso gute Figur machen. Es ist ein Altwiener Kaffeehaus par excellence, mit abgetretenen Parkettböden, grünen Plüschbezügen und großen, aber trotzdem schlichten Kristalleuchtern.
Selbst die Ober zeigen hier Stil. Der dicken alten Frau im Polyester-Blümchenkleid helfen sie galant in den abgewetzten Mantel. Sie halten der behäbigen Dame die Türe auf und verabschieden sie in die Vorstadt wie eine vornehme Hofratswitwe.
Publikum: Im Westend trifft eine wilde Mischung aufeinander. Pensionisten, für die das Westend die große Welt ist, sitzen neben jungen Existentialisten, die hier Endzeitstimmung suchen. Für Touristen ist es meist das erste Kaffeehaus, das sie in Wien besuchen.

Café Eiles

Josefstädter Straße 2
Telefon 405 34 10
Montag bis Freitag 7 bis 21.30 Uhr, Samstag, Sonntag 8 bis 22 Uhr

Zeitungen: österreichische Tageszeitungen, FAZ, Herald Tribune, Die Welt, Die Zeit

Speisen & Getränke: Schinken-Käse-Toast (öS 30,–), Frankfurter (öS 35,–), Ham and eggs (öS 55,–), Wiener Schnitzel (öS 69,–)

Einrichtung & Atmosphäre: Das Eiles ist ein weitläufiges, fast hallenartiges Kaffeehaus. Zwei mächtige Säulen in der Mitte des Cafés tragen die Gewölbedecke des gewaltigen Raumes. Trotzdem finden sich hier genügend Plätze und Nischen zum Zurückziehen. An den Wänden gibt es kaum längere, gerade Flächen, überall springen kleine Mauervorsprünge in den Raum, oder Nischen drängen sich in den Hintergrund. So entstehen gemütliche und intime Ecken. Das Eiles gibt es bereits seit 1821. Wie man es heute kennt, besteht es allerdings „erst" seit 1933. In diesem Jahr wurde es vom Architekten Alois Ortner umgestaltet und in sein jetziges Erscheinungsbild gebracht. 1994 wurde es dann einer sanften Renovierung unterzogen.

Die Wände erhielten einen neuen hellgelben Anstrich, die Innenseiten der Rundbögen wurden in kräftiges Kaffeebraun getaucht. Die alten Spiegel und Lampen wurden durch neuere ersetzt. Insgesamt hat das Eiles seine gemütliche Patina zwar übertüncht, aber dennoch nicht an Charme verloren.

Der Oberkellner scheint ein Relikt aus einer schon vergessenen Kaffeehauszeit zu sein. Er führt ein strenges Regiment über Pikkolos und Gäste. Der schüchterne Versuch, es sich in einer freien Nische gemütlich zu machen, wird von ihm jäh mit einer vollkommen klaren Begründung gestoppt: „Na, da können S' nicht Platz nehmen, hier sitzt immer eine

Dame mit ihrem Hund, die schon seit 20 Jahren herkommt. Sie hat jetzt schon den vierten Pinscher, und alle wollen immer in derselben Loge sitzen."

Publikum: Vornehme Josefstädter Bürger sind hier zu Hause. Seite an Seite mit Studenten in zeitgenössischem Outfit. Das Eiles ist auch die Ausweichbühne vieler Schauspieler. Es liegt genau in der Verbindungsgeraden zwischen Burgtheater und Josefstadt.

Café Florianihof

Florianigasse 45
Telefon 402 20 23
Montag bis Sonntag 9 bis 2 Uhr

Zeitungen: österreichische Tageszeitungen, FAZ, Corriere della Sera, Independent, Süddeutsche, auch die mehrere Tage zurückliegenden Exemplare liegen auf.

Speisen & Getränke: umfangreiches Angebot: warmer Schafskäse auf Blattsalat (öS 62,–), gefüllte Avocados (öS 62,–), Gemüseomelette mit Speck (öS 72,–), Melanzani mit Schnittlauch in Bierteig gebacken (öS 75,–), Beiriedschnitte in Wacholdersauce mit gratiniertem Gemüse und Reis (öS 125,–), Filetsteak im Speckmantel mit Dilleerbsen und Röstkartoffeln (öS 168,–); mehrere Sorten Bier, Wein und Spirituosen

Einrichtung & Atmosphäre: Dunkle, gedämpfte Stimmung liegt in dem Lokal – nicht nur in den Abendstunden. Im Florianihof herrschen gedämpfte Farben vor. Und die werden noch vom tiefen Schwarz der Holzvertäfelung und der langgestreckten Bar betont. Die Milchglas-Kugellampen an der Decke und an den Wänden spenden nur spärliches Licht. Das Kaffeehaus in der Florianigasse ist zwar eindeutig im Stil eines typischen Wiener Jugendstilcafés gestaltet, doch die ganze Stimmung läßt keinen Zweifel an seiner Hauptbestimmung: Es ist ein Abendlokal. „Öffnungszeiten 9 bis 26 Uhr", heißt es auch keck auf der Karte.

Mitten im Raum steht ein Klavier. Doch die Hintergrundmusik (Marke Ö3) kommt leise aus einer modernen Stereoanlage. Der Flügel dient nur als Raumteiler – und als Blumentisch für einige Grünpflanzen.

Publikum: Die Gäste sind meist jüngeren Alters, nicht von der schicken, eher von der witzigen und ausgeflippten Art. Während des Tages besuchen pensionierte Beamte, Ministerial- und Hofräte gerne das gepflegte Café in der Josefstadt.

Café Hummel

Josefstädter Straße 66
Telefon 405 53 14
Montag bis Sonntag 7 bis 2 Uhr; im Sommer großer Schanigarten

Zeitungen: österreichische Tageszeitungen, FAZ, Herald Tribune, Corriere della Sera

Speisen & Getränke: kleine Gerichte: kleines Gulasch (öS 39,–), Schinken mit Ei (öS 42,–), Berner Würstchen mit Pommes frites (öS 58,–); Hauptgerichte: Karfiol gebacken mit Sauce tatare (öS 68,–), Schweinslungenbraten mit Champignonsauce und Reis (öS 120,–), Fogosch serbische Art, Petersilkartoffeln, Salat (öS 135,–); verschiedene Torten und Mehlspeisen

Einrichtung & Atmosphäre: Das Hummel könnte ebenso ein besseres Bahnhofsrestaurant sein. Die Einrichtung würde perfekt passen: hellgrüner Plastikboden, braune Kunstoff-Sitzbezüge. In den Fenstern hängen große Leuchtreklameschilder von Getränkefirmen.

Auch die Hektik im Hummel schreit nach Bahnhof. Bereits am frühen Vormittag ist das Kaffeehaus gut besucht. Sein Reiz liegt in der Unaufdringlichkeit. Sogar die Begrüßungen des Herrn Hummel gehen niemand auf die Nerven. Es gibt nichts, woran das Auge des Besuchers hängenbleiben oder Anstoß nehmen kann. Hier kann man vollkommen ungestört, ohne durch irgend etwas abgelenkt zu werden, Zeitung lesen, Kaffee trinken oder einfach Plaudern. Das Hummel ist stolz darauf, 365 Tage im Jahr geöffnet zu haben; es ist eine der lebendigsten Institutionen des 8. Bezirks. Auch für Schachspieler, Kartenspieler und (im Extrazimmer) für Fernsehwillige ist gesorgt.

Publikum: Im Hummel sind die Gäste bunt gemischt: Schüler, Studenten, Berufstätige und Pensionisten. Es ist von früh bis spät gesteckt voll, das Tages- unterscheidet sich stark vom Nachtpublikum. Nur von der vornehmen Gesellschaft wird es weniger besucht.

Kleines Wiener Café

Kochgasse 18
Telefon 406 72 71
Montag bis Freitag 8 bis 2 Uhr, Samstag, Feiertag 17 bis 2 Uhr,
Sonntag geschlossen

Zeitungen: österreichische Tageszeitungen, Modemagazine
Speisen & Getränke: Brezel (öS 6,–), belegtes Brot (öS 24,–), Schinken-Käse-Toast (öS 30,–), Spezial-Toast mit Spiegelei (öS 40,–), Mehlspeisen (öS 25,–)
Einrichtung & Atmosphäre: Small is beautiful. Und deshalb hat dieses Kaffeehaus nicht einmal die Größe einer Neubau-Garçonnière. Dafür ist es aber um Häuser gemütlicher. Gerade fünf Tische finden im „Hauptraum" Platz. Ein halbes Tischchen, an dem wirklich nur ein ein-

samer, einzelner Gast sitzen kann, klebt vor der Schank. Dafür gibt es noch ein „Extrazimmer" – ganze drei Tische groß.

Hier sitzt man wirklich in einem Wohnzimmer – zumindest was die Dimensionen betrifft. Das Kleine Wiener Café ist sicherlich das kleinste Wiener Café. Die Einrichtung ist originalgetreu. Marmortische und Thonetstühle, holzgetäfelte Wände mit kunstvoll gedrechselten Säulen verziert, und Spiegel, die den Raum wenigstens ein bißchen größer wirken lassen.

An den Wänden des Kleinen Wiener Cafés hängen zwei Generationen. Neben dem Eingang kleben die obligaten Veranstaltungsplakate von Konzerten und Ausstellungen. Die gerahmten Bilder zeigen nur einen Mann: Franz Joseph. Mit der für ihn so typischen erstaunten Miene scheint er hier zu fragen: „Ja dürfen S' denn das, so ein kleines Kaffeehaus machen?"

Publikum: Das Lokal wird von Stammgästen besucht, die eine kleine Familie bilden. Im Kleinen Wiener Café wird Tradition sehr hoch gehalten.

Café Maria Treu

Piaristengasse 52
Telefon 406 47 09
Montag bis Sonntag 8 bis 24 Uhr
im Sommer großer Schanigarten

Zeitungen: österreichische Tageszeitungen, Herald Tribune, Le Monde
Speisen & Getränke: Bauern-Toast (Schwarzbrot mit Käse, Speck, Schinken, Tomaten und Zwiebel, öS 45,–), Altwiener Suppentopf (öS 58,–), Fiaker-Gulasch (mit Knödel, Spiegelei, Gurkerl und Würstel, öS 86,–), Vanillerostbraten mit Bratkartoffeln (öS 108,–), kleine Steaks (Rinds- und Schweinslungenbraten, öS 110,–)
Einrichtung & Atmosphäre: Man soll die schönen Dinge des Lebens genießen, auch im Kaffeehaus. Die bietet das Maria Treu aber nur im Sommer, wenn die Ober eine große Zahl von Tischen auf dem Piaristenplatz aufstellen. Das Café hat dann seinen Schanigarten auf einem der schönsten Plätze Wiens. Man sitzt umgeben von den Mauern des altehrwürdigen Piaristengymnasiums und der schönen Barockkirche. Ein paar Bäume gehören selbstverständlich auch noch zum Ambiente. Wenn die Sonne scheint, Wein statt Kaffee getrunken wird und man in die braungrünen Augen einer brünetten Schönheit blickt, fühlt man sich wie auf einer Piazza in Italien.

Mehr braucht man eigentlich nicht im Maria Treu. Denn das Lokal selbst ist gemeuchelt worden. Es wurde ihm regelrecht der Kopf abgeschnitten. Die Decke ist einfach um zwei Meter tiefer gesetzt worden. Jetzt liegt sie genau in halber Höhe der Rundbögen der hohen Fenster. Der obere Teil der Halbkreise verkriecht sich hinter der Decke. Das sieht nicht einmal mehr lustig aus.

Genauso gefühlvoll wie bei der Verlagerung der Decke ist man mit der übrigen Einrichtung des Maria Treu verfahren: Steinfliesen am Boden,

wild gemusterte Plüschbezüge, und das Holz der Tische und Bänke in der Stilrichtung „frühes Resopal". Das Stimmungsvollste im Kaffeehaus vor der Piaristenkirche sind die Fotos an den Wänden. Mehrere Generationen von Schauspielern aus dem Theater in der Josefstadt sind hier verewigt.

Publikum: Schauspieler und Theaterleute sind hier oft zu Gast. Die Schüler des vornehmen Piaristengymnasiums haben den Schanigarten des Maria Treu zu ihrem Schulhof gemacht. Die verbleibenden freien Tische werden von wohlhabenden Pensionisten der Josefstadt belegt.

185

Café Monopol

Florianigasse 2
Telefon 402 24 47
Montag bis Freitag 8 bis 18 Uhr, Restaurant 8 bis 24 Uhr
im Sommer Schanigarten

Zeitungen: österreichische Tageszeitungen, Bild, Neue Zürcher
Speisen & Getränke: Preßwurst in Essig und Öl (öS 40,–), Beuschel mit Semmelknödel (öS 65,–), Selchfleisch mit Sauerkraut und Semmelknödel (öS 110,–), Tafelspitz (öS 118,–), Beef tatare (öS 120,–), Zanderfilet (öS 170,–)
Einrichtung & Atmosphäre: Das Monopol ist nur mehr ein Schatten seines großen Namens. Einst war es ein großes Eckcafé mit dunklen, hohen, holzvertäfelten Wänden. Die Zeiten sind vorbei. Der langgestreckte, zur

Florianigasse hin gelegene Teil ist heute ausschließlich ein Restaurant: „Zum neuen Rathaus". Eine Glaswand trennt es vom stark reduzierten Monopol. Aber selbst hier herrscht schon Stimmung wie in einem Speisesaal. Die meisten Tische sind stets fein säuberlich gedeckt. Nur mehr in Fragmenten herrscht hier Kaffeehausatmosphäre. Rote Plüschbezüge und eine einsame Mehlspeisvitrine sind die letzten Überreste des ehemaligen Monopol. Eigentlich soll hier das gleiche Geschäft wie im angrenzenden Lokal gemacht werden.

Publikum: Wie es sich für ein Monopol gehört, hat das Café einen ziemlich fixen Kundenstock. In der Früh fallen die Rechtsanwälte hier ein. Bei einem kleinen Schwarzen trichtern sie ihren Mandanten noch rasch die bestmögliche Aussage vor dem Richter ein. Zu Mittag, wenn die Verhandlungen im „Landl", dem Wiener Landesgericht, zu Ende gehen, versiegt auch das konspirative Getuschel der Advokaten. Jetzt kehrt die hohe Richterschaft hier ein. Am Nachmittag, wenn sich in keinem der nahe gelegenen Gerichte oder Ämter mehr ein Bleistift rührt, wird es auch im Monopol sehr ruhig.

Café Rathaus

Landesgerichtsstraße 5
Telefon 406 12 82
Montag bis Freitag 8 bis 24 Uhr, Samstag, Sonntag 9 bis 22 Uhr

Zeitungen: österreichische Tageszeitungen, FAZ, Neue Zürcher
Speisen & Getränke: Champignon-Toast (öS 32,–), Schinkenrolle (öS 44,–), Schinkenomelette (öS 58,–), Wiener Schnitzel (öS 84,–), Zigeunerrostbraten (öS 110,–), Pfeffersteak Madagaskar (öS 170,–)
Einrichtung & Atmosphäre: Wer Sauberkeit und Ordnung, strenge geometrische Raumaufteilung und biedermeierliches Ambiente liebt, wird sich hier zu Hause fühlen. Das Café Rathaus besteht aus einem langgestreckten Raum, in dem Nischen und Sitzecken fast spiegelbildlich angeordnet sind. Die Gäste sitzen hier wie in einem Eisenbahnwaggon, wenn auch einem der besseren Klasse. Die Bänke sind mit braunem, dezent gemustertem Plüsch bezogen. An den Wänden kleben zart gestreifte Tapeten. Die Fenster sind mit Schabracken in Altrosa verziert. Spiegel in vergoldeten Rahmen runden das bürgerliche Kaffeehaus ab. Hier gibt es keine Ecken, Kanten oder vorspringende Mauerwinkel.
Publikum: Das Rathaus hat jene Gäste, die sich hier wohl fühlen. Und das sind einige. Sie sprechen über Formulare, Vorrückungen, Amtswege und Dienstordnungen – zumindest die „Aktiven". Aber auch die Kränzchen der Hofratswitwen, die Treffen der Sektionschefs a.D. werden gerne hier abgehalten. Gelegentlich verirren sich auch Studenten von der Uni bis ins Rathaus.

Café Bauernfeld

Liechtensteinstraße 42
Telefon 317 83 65
Montag bis Freitag 9 bis 2 Uhr, Samstag, 14 bis 2 Uhr
Sonntag, Feiertag 14 bis 24 Uhr

Zeitungen: österreichische Tageszeitungen
Speisen & Getränke: Sandwiches ab öS 10,–
Einrichtung & Atmosphäre: Das Bauernfeld ist wohl eines der skurrilsten Wiener Kaffeehäuser. Schon seine Lage ist außergewöhnlich. Es befindet sich in der kurzen, nur aus einer Häuserbreite bestehenden Verbindung zwischen Porzellangasse und Liechtensteinstraße. Und die Fassade des Cafés prägt auch den kleinen Platz, der zwischen den beiden großen Straßen entstanden ist.

Aus dem ansonsten unscheinbaren Haus ragt ein halbkreisförmiger, der Apsis einer Kirche nachempfundener Vorbau heraus. Seine Gestaltung wandelt hart an der Grenze zum Kitsch. Der Verputz ist Zuckerlrosa. Der Name des Cafés zieht sich in geschwungener blau-gelber Leuchtschrift fast über den ganzen Halbkreis. Auf dem Dach des Vorsprungs liegt die Sonnenterrasse des Café Bauernfeld. In der Nacht wird das Farbenspiel noch bunter: Rote, gelbe, blaue und grüne Lämpchen beleuchten dann den großen Balkon. Im Inneren des Kaffeehauses setzt sich die Stilmischung fort. In Ansätzen erkennt man noch eine Einrichtung im Stil von Espressos der 50er Jahre. Die Stahlrohrsessel sind mit hellbraunem Skai bezogen. Gummibäume klettern die holzgetäfelten hohen Wände empor. Dafür zieren bunte Blümchenmuster die Tischtücher. Das Bauernfeld, das nach der Jahrhundertwende eröffnet wurde, war einmal mehr eines von Heimito von Doderers Stammcafés.

Vom Eingang geradeaus weiter führt eine Treppe in den Halbstock. Hier sind Sitze und Bänke mit rotem Kunststoff bezogen. Und als Erinnerung an die wilde Zeit steht hier auch ein Popcornautomat, der nur leider nicht funktioniert. Von hier aus gelangt man auf zwei Wegen ins Paradies. Der eine führt in den Spielsalon. Vier Poolbillards werden hier Abend für Abend bespielt. Der andere führt noch einmal über eine kleine Treppe auf die Terrasse des Bauernfeld.

Publikum: Man spricht Französisch. Während des Tages sind hier Schüler und Lehrer des nahe gelegenen Lycées zu Gast. Am Abend wird das Bauernfeld von billardwütigen jungen Männern frequentiert.

Café Brioni

Julius-Tandler-Platz 1
Telefon 317 74 00
Montag bis Freitag 9 bis 22 Uhr

Zeitungen: österreichische Tageszeitungen
Speisen & Getränke: Omelette mit Schinken (öS 48,–), Spaghetti al Pomodoro (öS 60,–), Cordon bleu mit Salat (öS 95,–), Rumpsteak (öS 135,–), frische hausgemachte Mehlspeisen (öS 20,–)
Einrichtung & Atmosphäre: Das Brioni hat den speziellen Charme aller auf den Plätzen vor Kopfbahnhöfen gelegenen Cafés. Zwar fahren die meisten Züge vom Franz-Josefs-Bahnhof gerade bis nach Tulln, aber vom großen Stahl-Glas-Bau des Bahnhofs geht trotzdem das Flair der großen weiten Welt aus – und davon fällt auch ein wenig auf das alte Kaffeehaus ab. Im Lokal herrscht eine sympathische Mischung aus Stilelementen der Jahrhundertwende und der 50er Jahre: Tapeten mit zartem Blümchenmuster auf der einen Seite und Neonleuchten, die von der hohen Gewölbedecke hängen, auf der anderen. Auf dem Boden nur blanke Holzbretter – auf den Tischen hingegen rosa Damasttücher. Nur wenige Zeitungen liegen herum, aber über der verspiegelten Bar hängt ein Bild von – wie könnte es anders sein – Heimito von Doderer. Hier hat der Dichter, erzählt der Cafetier, einen Großteil der „Strudelhofstiege" geschrieben.
Publikum: bunt gemischt

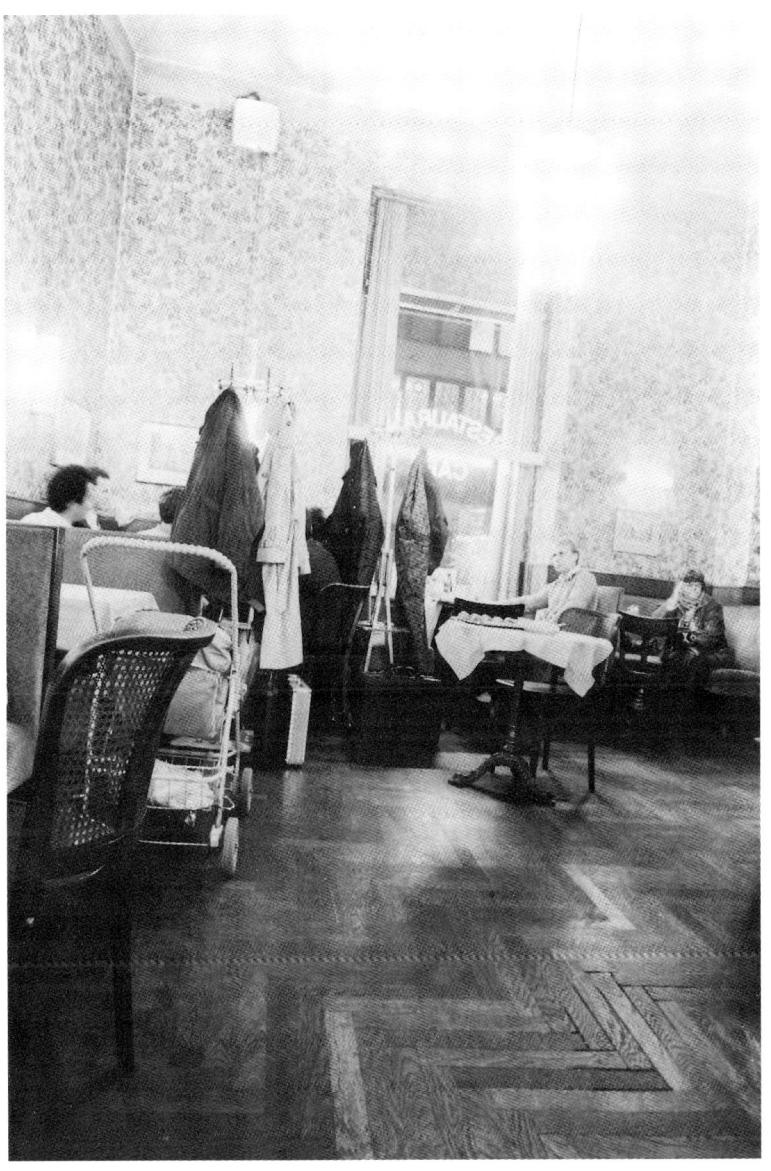

Café Maximilian

Universitätsstraße 2
Telefon 405 71 49
Montag bis Freitag 7 bis 24 Uhr, Samstag, Sonntag 9 bis 24 Uhr
im Sommer Schanigarten

Zeitungen: keine
Speisen & Getränke: Kaffeespezialitäten: Rüdesheimer (mit Asbach Ur-alt, öS 62,–), Irish coffee (öS 58,–); beschränktes Angebot an kleinen Gerichten: Gulaschsuppe (öS 28,–), Schinkenfleckerl mit Salat (öS 49,–)
Einrichtung & Atmosphäre: Das einzige, was in diesem Kaffeehaus Tradition hat, ist der Name. Erzherzog Maximilian, der spätere Kaiser von Mexiko, regte Mitte des 19. Jahrhunderts zum Gedächtnis an ein mißglücktes Attentat auf seinen Bruder, Kaiser Franz Joseph, den Bau der

194

Votivkirche an. Ihre Fertigstellung erlebte er nicht mehr. Benito Juárez, vom Volk zum Staatspräsidenten gewählt, ließ den von Napoleon III. eingesetzten Kaiser standrechtlich erschießen.

Das Café Maximilian gedenkt seiner auf ganz spezielle Art: An den teils pistaziengrün, teils zuckerlrosa gefärbten Wänden hängt kein einziges Bild. Nur an der Rückseite des L-förmigen Raumes prangt ein großer Spiegel mit dem Bildnis des kurzfristigen Kaisers von Mexiko. Die restliche Einrichtung ist wenig feudal. Das Lokal ist durch zaunartige Holzwände in mehrere Sitzecken unterteilt. Ein wenig helles Holz, gemischt mit etwas dunklerem, und ein paar Messingleuchten versuchen das Lokal zum Kaffeehaus zu machen.

Publikum: Nicht einmal die Studenten des genau gegenüber liegenden Neuen Institutsgebäudes verkehren hier allzu häufig. Lediglich ein paar Touristen, in der Mehrzahl aus dem Osten, verirren sich gelegentlich hierher.

Café Rundfunk

Alserbachstraße 37
Telefon 317 31 09
Montag bis Sonntag 6 bis 4 Uhr; im Sommer kleiner Schanigarten

Zeitungen: österreichische Tageszeitungen
Speisen & Getränke: kleine Gerichte: Bauerntoast (Speck, Zwiebeln, Paprika, öS 42,–), Thunfischsalat (öS 45,–), Speck-Käsenockerl überbacken (öS 55,–); Hauptgerichte: Schnecken mit Knoblauchbutter (öS 65,–), Wiener Schnitzel mit Salat (öS 68,–), Zwiebelrostbraten mit Salat (öS 95,–), Pfeffersteak mit Bratkartoffeln (öS 140,–)
Einrichtung & Atmosphäre: Auf den ersten Blick ist das Rundfunk ein ganz normales Kaffeehaus, etwas zu protzig vielleicht, auch ein wenig zu neumodisch. Da kann die Mahagonivertäfelung noch so kunstvoll verarbeitet sein, es liegt etwas Neureiches in der Luft.

Das geometrische Muster der Sitzbezüge hat mit original Wiener Kaffeehausstil nur mehr am Rande zu tun. Daß eine kühn geschwungene Bar den halben Raum einnimmt und am Abend Diskomusik erklingt, ist schon reichlich aus der Art geschlagen.

Das eigentliche Kaffeehaus liegt erst im hinteren Teil des langen, schlauchförmigen Lokals. Hier sitzen Kartenspieler bei einer Partie Tarock oder Bauernschnapsen.

Ein schmaler Durchgang gibt den Blick frei auf die wahre Bestimmung des Café Rundfunk. Im ersten Raum liegt der Vorhof zur Hölle. Das einzige Licht kommt hier von den wild in allen Farben blinkenden Slotmachines. Mit starrem Blick sitzen Männer vor den Maschinen. Ihre Körperfunktionen sind auf das Notwendigste reduziert: Zehner einwerfen, Knopf drücken, warten.

Im nächsten Raum liegt der wahre Tempel der Zocker. Auf einem Videobildschirm werden kurze Spots von Sportereignissen gespielt, egal welcher Sportart. Wichtig ist nur, daß dabei gewettet werden kann. Sein Geld kann man hier auf verschiedene Arten verlieren. In dem kleinen, im selben Raum angesiedelten Wettbüro kann man auf Pferderennen, Fußballspiele oder Tennismatches setzen.

Publikum: Es sind die betont coolen und lässigen Typen, die im Café Rundfunk verkehren. Dicke Fische, die mit einem Packerl Tausender Stoß spielen, wird man nicht finden. Hier sind eher die kleinen Spieler zu Hause, die ständig dem Traum vom großen Gewinn nachlaufen. In dieser Umgebung fühlen sich auch junge Damen wohl. Sie sitzen meist in Gruppen an einem Tisch und tuscheln. Ab und zu steht eine von ihnen auf, stellt sich an die Bar und fragt den nächsten Kerl: „Hast a Zigaretten für mich?" Mehr nicht. In dieser Hinsicht ist das Café Rundfunk ziemlich harmlos.

Café Stadlmann

Währinger Straße 26
Telefon 317 13 08
Montag bis Freitag 8 bis 21 Uhr

Zeitungen: österreichische Tageszeitungen
Speisen & Getränke: Schinkentoast (öS 30,–), Champignonomelette (öS 45,–); Hauptgerichte: geröstete Leber (öS 65,–), Vanillerostbraten mit Bratkartoffeln (öS 120,–); Tee wird in wunderschönen Silberkannen serviert, die jedoch einen kleinen Nachteil haben: sie sind brennheiß.
Einrichtung & Atmosphäre: Die gekachelte Fassade des Stadlmann strahlt, vielleicht auch durch die unmittelbare Nähe zur medizinischen Fakultät der Universität Wien, eine etwas klinische Atmosphäre aus. Betritt man das Café, ändert sich das sofort. Gedämpftes Licht und ruhige Kaffeehausstimmung umgeben den Besucher. Das Stadlmann ist ein erfreuliches Beispiel für eine gefühlvolle, aber konsequente Renovierung. Die alten Einrichtungsgegenstände – Tische, Stühle, Bänke und Holzvertäfelungen – wurden lediglich gereinigt und frisch aufpoliert. Ausgebessert wurde nicht mehr als notwendig. Kleine brüchige Stellen oder Löcher im Korbgeflecht der Rückenlehnen gibt es – Gott sei Dank – noch immer. So kann man sich auch heute noch vorstellen, daß Heimito von Doderer hier (wie offensichtlich in fast allen Wiener Kaffeehäusern) eine Zeitlang Stammgast war.

Bodenbelag, Tapeten, Deckenverputz und Sitzbezüge sind jedoch erneuert worden. Man sitzt auf dunkelrotem Plüsch, umgeben von zartgelben Wänden. Das kleine Kaffeehaus wirkt dadurch sehr gepflegt und vornehm.
Publikum: Hier treffen – wie in den meisten Kaffeehäusern – zwei Generationen aufeinander. Schüler und Studenten sitzen mit Pensionisten in einem Raum. Im Stadlmann haben sie aber etwas gemeinsam: Sie sind

beide von der vornehmeren Art. Die angehenden Herren und Frauen Doctores treten stets gepflegt gekleidet auf. Und die älteren Damen stellen im Stadlmann gerne ihre Pelze und Geschmeide zur Schau.

Café Vogelsang

Kinderspitalgasse 16
Telefon 405 12 51
Montag bis Sonntag 5 bis 2 Uhr
im Sommer Schanigarten
Fußball- und Pferdewetten

Zeitungen: keine

Speisen & Getränke: Schinken-Käse-Toast (öS 28,–), Bretteljause (öS 46,–), Gulasch (öS 58,–), Hühnerschnitzel mit Reis (öS 90,–), Bauernschmaus (öS 90,–)

Einrichtung & Atmosphäre: Über dem Vogelsang donnert die Stadtbahn, links und rechts der Straßenverkehr am Gürtel, und drinnen rollt der Rubel. Das Café ist ein Zentrum der Spieler und Wettfanatiker. Man spürt sofort, hier ist das Geld zu Hause. Nichts ist schäbig, kein Stück ist abgewetzt, alles ist vom Feinsten im Wettcafé Vogelsang. Der Fußboden aus grauen Fliesen glänzt, als wäre er von Meister Propper persönlich auf Hochglanz poliert. Sogar die Kleiderständer aus Messing und die Kugelleuchten aus Milchglas spiegeln sich darin. Gedämpftes Licht und leise Popmusik fluten durchs Lokal. Die Slotmachines stehen nicht verschämt in einem Extrazimmer, sondern groß und mächtig im Lokal. Hier sind die Zocker unter sich, hier braucht sich niemand zu verstecken. Auch die Ober nicht. Sie sind schlank und smart. Dezenter Smoking und schwarze Fliege sind selbstverständliches Outfit im Spielercafé. Im Casino würden sie eine ebenso gute Figur machen.

Plötzlich wird die Musikberieselung unterbrochen. „Little Joe liegt um eine gute Länge vorne, dicht gefolgt vom geschlossenen Feld. Noch 50 Meter bis zum Ziel. Little Joe geht als Erster durch, er macht das Rennen." Mit unbewegter Miene erhebt sich ein Gast und betritt einen Glasverschlag. Hier liegt das Wettbüro. Er nimmt seinen Gewinn in Emp-

fang, kehrt an seinen Platz zurück und bestellt eine Runde für seine Kumpel. Ein anderer Spieler füttert weiter die Slotmachine.

Publikum: Das Vogelsang liegt an jenem Teil des Gürtels, wo in der Nacht nicht nur die Autos verkehren. Glitzernde Lurexhosen über endlos langen Beinen versprechen schnelles Glück. Die Herren der Damen verbringen währenddessen die Zeit bei einem Spielchen. Sie heben sich von den kleinen Spielern in Jeans und Lederjacken deutlich ab. Breite Revers und kräftigen Nadelstreif trägt hier aber niemand mehr. Armani und Valentino haben auch bei den Geschäftsführern des ältesten Gewerbes der Welt schon Einzug gehalten.

Café Volksoper

Fuchsthallergasse 16
Montag bis Freitag 8 bis 2 Uhr, Samstag, Sonntag 16 bis 2 Uhr

Zeitungen: österreichische Tageszeitungen
Speisen & Getränke: Beuschel mit Knödel (öS 44,–), Gulasch (öS 48,–),
Wiener Schnitzel mit zwei Beilagen (öS 65,–), Cordon bleu (öS 80,–),
hausgemachte Mehlspeisen (öS 28,– bis öS 40,–)
Einrichtung & Atmosphäre: Es ist schwer, einen einzelnen schönen Einrichtungsgegenstand zu finden. In seiner Gesamtheit ist das Café Volksoper aber einmalig. Es ist ein bodenständiges, ursprüngliches Lokal, ohne Schnörksel, ohne einen leisen Ansatz einer Renovierung. Gerade damit wirkt es ehrlich und schön. Das Mobiliar ist schlicht und uralt. Der Geruch von Millionen Zigaretten vermischt sich mit dem Küchendunst.

Das einstmals beige Plastik der Sitzbezüge nähert sich schon sehr der schwarzbraunen Farbe des Bretterbodens an. Auch die Tapete zeigt schon schwere Überalterungserscheinungen. Kein Wunder. Ein alter Koksofen steht mitten im Café, die Kohlesäcke gleich daneben. Das Lokal droht sich an allen Ecken und Enden aufzulösen. Das Holz der Vertäfelung hebt sich von den Wänden. Die Tapeten rollen die Kanten auf. Und das Furnier der Tische wölbt sich schon den Tellern entgegen. Aber all das gibt dem Café Volksoper sein urwüchsiges, sympathisches Flair.

Publikum: „Grüß dich Gott, Herr Kammersänger", empfängt die Kellnerin einen Stammgast. „Servus, Frau Kommerzialrat", kommt die joviale Antwort des soignierten älteren Herrn. Im Volkstheater trifft sich die schon etwas blaß schillernde Welt der nahen Operettenbühne. Die nicht mehr so gefeierten Bühnenstars sitzen hier vor und nach den Proben bei Gulasch und einem Seidel Bier.

Café Votivpark

Kolingasse 5
Telefon 317 12 46
Montag bis Freitag 8 bis 22 Uhr
im Sommer kleiner Schanigarten

Zeitungen: österreichische Tageszeitungen
Speisen & Getränke: Altwiener Suppentopf (öS 38,–), geröstete Knödel mit Ei und Salat (öS 45,–), Melanzani in Bierteig mit Sauce tatare (öS 58,–), Schnitzel mit Salat (öS 70,–)
Einrichtung & Atmosphäre: Hinter den großen Alleebäumen der Kolingasse führt das Votivpark ein ziemlich unbemerktes Dasein. Die nahe gelegenen Lokale Café Stein und Stein's Diner saugen noch dazu die meisten Gäste auf. In dem kleinen Café im Stile eines Espressos aus den 50er Jahren herrscht daher meist ziemlich gedämpfte Stimmung. Der Besitzer ist mit einigen Stammkunden gern selbst bei sich zu Gast. An große Renovierungen wird da – zum Glück – nicht gedacht. Der Windfang des Lokals ist noch mit Scheiben verglast, in die Muster aus dem Rock-'n'-Roll-Zeitalter geätzt sind. Eine geschwungene Bar drängt sich in den Raum. An ihrer verspiegelten Rückwand stehen auf kleinen Glasregalen gepflegte harte Sachen und stilgemäße Gläser. Das gedämpfte Licht kommt von Leuchtern mit den für die Fifties obligaten Kegelschirmchen. Die gelbgestreifte Tapete hat schon viel Rauch geschluckt. Aus dem Hintergrund klingt gedämpfte Schlagermusik.
Publikum: Das Votivpark ist ein Männercafé. Herren in den besten Jahren trinken hier gerne ein Glaserl – auch während des Tages. Zu Hause oder am Arbeitsplatz hält es sie nicht so sehr. Man spricht über Fußball oder die Politik. Die Jungseniorenidylle wird von ein paar Studenten, zumeist alternativen Zuschnitts, durchbrochen.

Café Weimar

Währinger Straße 68
Telefon 317 12 06
Montag bis Donnerstag 8 bis 3 Uhr, Freitag, Samstag 8 bis 4 Uhr
(Diskothek „Palme" im Keller: Dienstag bis Samstag 21 bis 4 Uhr)

Zeitungen: österreichische Tageszeitungen, Die Zeit, Süddeutsche, Neue Zürcher

Speisen & Getränke: kleine kalte Gerichte: Thunfisch niçoise (öS 76,–), Hühnersalat mit Ananas und Kiwi (öS 75,–), schottischer Räucherlachs mit Oberskren und Toast (öS 138,–); warme Hauptspeisen: gefülltes Hühnerfilet in Kräuterrahm und Reis (öS 94,–), Lammfilet an Thymiansaft, grüne Bohnen und Kartoffeln (öS 185,–)

Einrichtung & Atmosphäre: Schon das an einer Kreuzung der Währinger Straße gelegene Eingangsportal läßt erkennen, daß es sich hier um ein „gehobeneres" Kaffeehaus handelt. Auf großen, dunkelroten Tafeln zu beiden Seiten der Tür prangt in goldenen, geschwungenen Lettern der Name des Cafés. Betritt man das Lokal durch den Windfang aus dunklem Holz, der von kleinen Glasscheiben durchbrochen ist, wird man nicht enttäuscht. Ein langgestreckter, hoher Raum strahlt ruhige, gediegene Kaffeehausstimmung aus. Der Holzfußboden und die dunkelbraune Decke lassen das Lokal ein wenig wie eine Höhle erscheinen. Das gedämpfte Licht, das von wagenradgroßen Lustern mit Stoffbespannung und Fransen verbreitet wird, tut ein übriges dazu. Am Ende des langgezogenen Raumes befindet sich die Bar mit verspiegelter Rückwand und dem Abgang zur Diskothek.

Publikum: Viele junge Menschen, die am Rande der Beautiful-people-Gemeinschaft stehen, besuchen das Café – und am Abend die im Keller gelegene Diskothek „Palme". Das Café ist dann ein angenehmer Ort, um hin und wieder doch ein paar Worte zu wechseln. Ins gepflegte Tanz-

publikum mischen sich öfters auch gegensätzliche Gestalten: Gäste alternativeren Zuschnitts strömen aus dem gegenüberliegenden Kulturzentrum WUK nach Veranstaltungen oft in das Weimar.

Café Horvath

Simmeringer Hauptstraße 20
Telefon 749 22 07
Montag bis Samstag 8 bis 2 Uhr, Sonntag 9 bis 24 Uhr
Billard, Schach, Backgammon

Zeitungen: österreichische Tageszeitungen
Speisen & Getränke: beschränktes Angebot, Frankfurter (öS 27,–), kleines Gulasch (öS 37,–)
Einrichtung & Atmosphäre: „Simmering gegen Kapfenberg, das ist Brutalität", so hat Helmut Qualtinger einmal den 11. Bezirk charakterisiert. Hier, im Café Horvath, liegt die Wiege der wilden Männer. Es ist das Stammcafé der härtesten aller Fußballer. Wenn sie nach einem Match am Sonntag nachmittag noch im Trainingsanzug erscheinen, geht ein andächtiges Raunen durch die Männer: „Guat gspüt, Herrschaftn." Trotz der Schmeichelei kommt ein rauhe Antwort: „Heats, bei eich holt ma si ja an Lungenkrebs." Die Kartenspieler lachen bewundernd und machen den nächsten Zug an ihrer Smart.

Würde das Café Horvath im ersten statt im elften Wiener Gemeindebezirk liegen, es wäre der erklärte Treffpunkt der Künstler und Avantgardisten. Die Reduktion auf das Wesentliche, die Loos mühsam hat erfinden müssen, ist hier verwirklicht, aber ohne architektonische Kunstgriffe. Hier paßt nur Resopal an Wänden und Tischen und grünes Plastik mit Brandlöchern als Bezüge für die Bänke. Alles andere wäre aufgesetzt und künstlich. Hier steht man zu seiner Welt. Die Wasserflecken an den Wänden werden noch von grellem Neonlicht bestrahlt.

Publikum: Im Horvath gibt es keine Ausländerfrage. Dunkle Typen mit dichten schwarzen Bärten sitzen an einem Tisch mit hellhäutigen Simmeringern. Alle sitzen im gleichen Boot, und das ist im Horvath noch lange nicht voll.

Café Raimann

Schönbrunner Straße 285
Telefon 813 63 82
Dienstag bis Donnerstag 7 bis 2 Uhr, Freitag, Samstag 7 bis 4 Uhr
Sonntag 8 bis 2 Uhr
Billard

Zeitungen: österreichische Tageszeitungen
Speisen & Getränke: kleine Gerichte: Schinken-Käse-Toast (öS 30,–), Hawaii-Toast (öS 40,–); Hauptgerichte: Schinkenfleckerl mit Salat (öS 55,–), Schwammerlgulasch mit Knödel (öS 65,–), gefüllte Paprika mit Kartoffeln (öS 75,–), Rindsbraten mit Knödeln (öS 88,–)
Einrichtung & Atmosphäre: Das Raimann ist ein unauffälliges typisches Wiener Vorstadtcafé. Bei der Einrichtung wurde nie auf besondere Ästhe-

tik Wert gelegt. Alles mußte funktional und zweckmäßig sein – aber eben dennoch dem Kaffeehausstil entsprechen. Heute hat man hier und da kleine Retuschen vorgenommen. Zum Beispiel an den Wänden, die den hintersten Teil des L-förmigen Raumes, in dem der Billardtisch steht, von den übrigen Gästen trennen. Neues Holz und neues Glas mit geätzten Verzierungen sollen wieder Glanz in das alte Kaffeehaus bringen. Bei den geschwungenen silbernen Stehlampen im Mittelteil, in dem die Kartenspieler sitzen, hat man eine Anleihe an den Stil der 60er Jahre versucht. Ansonsten ist die Einrichtung im Originalstil belassen worden.

Das Raimann ist ein Kaffeehaus im ursprünglichsten Sinn, ohne architektonische Spielereien oder aufregende Restaurantspeisekarte. Es ist gemütlich und einfach. Das Besondere am Raimann ist der Ober Franz. Er ist die Seele des Lokals – und das seit mehr als zwanzig Jahren. Sein Blick schwankt zwischen noch leicht verschlafen und ein wenig mürrisch aussehend. Wenn ein Gast wagt, den seit einer Viertelstunde bestellten Kaffee zu reklamieren, erhält er meist eine ziemlich gereizte Antwort. Dabei ist der Ober Franz die gutmütigste und freundlichste Person. Nach einem grantigen Raunzer erkundigt er sich sofort wieder versöhnlich: „Wie geht's da denn? Ist eh alles in Ordnung?" Zur Sorte des bei jedem Gast um Trinkgeld buckerlnden Obers hat der Franz nie gehört. Und das trägt am meisten zur sympathischen Atmosphäre des Raimann bei.

Publikum: Neben den älteren Semestern besteht das Stammpublikum zumeist aus Jugendlichen. Vormittags, nachmittags und abends ist das Raimann der Treffpunkt der Schüler des nahe gelegenen Gymnasiums in der Rosasgasse; Lehrer sind selten zu Gast. Zur Erholung vom coolen Diskostreß schauen öfters auch Besucher des Szenetreffs U4 vorbei.

Café Dommayer

Dommayergasse 1
Telefon 877 54 65
Montag bis Sonntag 7 bis 24 Uhr
Jeden ersten Samstag im Monat spielt von 14 bis 16 Uhr
ein Damensalonorchester; im Sommer großer Gastgarten

Zeitungen: österreichische Tageszeitungen, Bild, Neue Zürcher, Herald Tribune, FAZ, Corriere della Sera, Die Zeit, Süddeutsche, Mickey Mouse

Speisen & Getränke: kleines Gulasch (öS 60,–), Knödel mit Ei (öS 70,–), Camembert in Schinkenmantel gebacken (öS 75,–), Wiener Schnitzel (öS 140,–); frische hausgemachte Mehlspeisen: Marmorgugel-hupf (öS 30,–), Dommayer-Strudel (Eis, Schlag und Schokolade, öS 65,–)

Einrichtung & Atmosphäre: Das Dommayer ist das traditionsreichste Kaffeehaus des Bezirks und gehört auch zu den bekanntesten in ganz Wien. Begonnen hat seine wechselvolle Geschichte 1787 als Jausenstati-on für Ausflügler in den Wienerwald. Fünfzig Jahre später ließ Ferdinand Dommayer vom Baudirektor Josef Leistler einen von schlanken Säulen getragenen Tanzsaal errichten, den er „Dommayers Kasino" nannte. Fortan fanden hier die Feste und Bälle der vornehmen Wiener Gesell-schaft statt. Johann Strauß Vater spielte bei den „Täuberl-Bällen" auf und ließ die „Loreley-Klänge" erklingen. Josef Lanner dirigierte hier am 23. März 1843 erstmals seine „Schönbrunner", und ein Jahr später de-bütierte Johann Strauß Sohn bei einer Soiree im Dommayer. 1908 wur-de das Dommayer geschlossen, und erst fast 20 Jahre später öffnete es wieder seine Pforten. Ende der 30er Jahre diente es als Kulisse für die Herz-Schmerz-Filme „Das Reserl vom Wörthersee" und „Wiener G'schichten". Nach häufig wechselnden Besitzern übernahm 1963 die

Familie Gerersdorfer das Kaffeehaus und machte das Dommayer – nun schon in der zweiten Generation – wieder zu dem, was es einmal war. Auch heute spielt man hier noch Wienerlieder. Es ist ein Damensalonorchester, das für die musikalische Untermalung am Nachmittag sorgt. Die Einrichtung des Dommayer entspricht der vornehmsten Wiener Kaffeehauskultur, ohne dabei auf eine sympathische Patina zu verzichten. Dunkelrote Plüschbezüge, schwarzes Holz und große Kristalleuchter machen es zu einem noblen Lokal.

Publikum: In kleinen, unter Rundbögen versteckten Nischen sitzen jene Gäste, die an dem gesellschaftlichen Trubel im Dommayer nicht direkt teilnehmen wollen. Ansonsten herrscht in dem weiten, offenen Lokal das Prinzip von Sehen und Gesehenwerden vor. Hietzings Noblesse gibt sich hier an Wochenenden ihr Stelldichein. Vornehme Kleidung oder Lodenjopperl und Lodenmantel sind gerne gesehen.

215

Gartencafé

Lainzer Straße 131
Telefon 804 07 76
Montag bis Samstag 9 bis 19 Uhr
im Sommer großer Schanigarten

Zeitungen: österreichische Tageszeitungen
Speisen & Getränke: kleine Gerichte: Lachs- oder Kaviarsandwiches (öS 29,–), Shrimpscocktail (öS 68,–), Räucherlachs mit Oberskren (öS 88,–); Hauptgerichte: Salonbeuschel (öS 68,–), Rindfleisch mit Gemüse (öS 98,–), Wiener Schnitzel (öS 98,–); Kaffeespezialitäten: Maria Theresia (Mocca, Orangenlikör, Schlag, öS 45,–), Wiener-Kongreß-Kaffee (Mocca mit einem Schuß Grand Marnier und Schlag, öS 45,–)
Einrichtung & Atmosphäre: Man hat das Gefühl, ein Puppencafé im Biedermeierstil zu betreten. Alles ist putzig und niedlich. Zartrosa Tapeten, altrosa Plüsch, das alles verziert mit weißer Stukkatur, die hier wie Zuckerguß wirkt. Von der Decke hängen feingliedrige Kristalluster. Die Vorhänge sind selbstverständlich aus feinster Spitze, Tische und Wandverkleidung aus feinstem Rosenholz. Die ganze liebliche Idylle liegt in einem kleinen Einkaufsgarten. Nur eine Handvoll feinster Boutiquen ist hier angesiedelt. Ihre Verkaufsvitrinen ziehen sich sogar bis in das kleine Café: In einem eigenen Schaukasten werden Waren von Cerutti, Etienne Aigner und anderen Renommiermarken ausgestellt.
Publikum: Es gibt wirklich fast nur Püppchen hier im Gartencafé. Feine, zerbrechliche Geschöpfe sitzen hier herum. Den ganzen Tag sind sie umhergehetzt und haben versucht, dieses oder jenes kostbare Stück für ihre Garderobe zu finden. Erschöpft von dieser Mühe, behangen mit Bergen von Päckchen und Säckchen, die ihnen – oh schreckliche Zeit – von keinem Chauffeur oder Diener mehr abgenommen werden, müssen sie sich hier bei einem Melangerl und einem Törtchen laben. Betritt ein Mann

das Gartencafé, wird in ihm ein Eindringling vermutet und er deshalb scheel angesehen. Er ist ein seltsames Objekt, ein Fremdling in dieser Welt.

Café Hietzinger Rendezvous

Am Platz 5
Telefon 877 34 19
Montag bis Sonntag 7 bis 20 Uhr

Zeitungen: österreichische Tageszeitungen

Speisen & Getränke: kleines Angebot: Sandwiches (ab öS 10,–), Schinkenrolle (öS 40,–), Beuschel mit Serviettenknödel (öS 55,–)

Einrichtung & Atmosphäre: Das Café am Hietzinger Hauptplatz erweckt den Eindruck, als ob in halber Höhe des Raumes eine Trennlinie gezogen worden wäre. Die Decke und die Wände sind – eben bis zur Hälfte – mit einer üppigen, aber geschmackvollen Originalstukkatur verziert. Die Nähe zu Schloß Schönbrunn wird deutlich spürbar. Auf halber Höhe endet die barocke Herrlichkeit jedoch abrupt. Eine simple Vertäfelung aus furniertem Holz verkleidet die unteren Wände. Bänke und Stühle sind mit modern gemustertem Plüsch bezogen. Und den Höhepunkt der innenarchitektonischen Gestaltung des Cafés setzen die Tischchen mit leuchtend orangefarbener Oberfläche.

Publikum: Das Hietzinger Rendezvous ist stets gut besucht. Der Altersdurchschnitt der Gäste liegt bei 60 Jahren. Statistische Ausreißer gibt es selten. Zumindest, was das Alter betrifft. Denn wer in Hietzing nur Bestsituierte vermutet, kann sich hier eines Besseren belehren lassen.

Café Schönbrunn

Altgasse 18
Telefon 877 56 42
Montag bis Samstag 8 bis 2 Uhr, Sonntag 14 bis 2 Uhr
Billard, Backgammon, Würfelpoker

Zeitungen: österreichische Tageszeitungen
Speisen & Getränke: auf Toast und Frankfurter begrenztes Angebot, jeden Dienstag Tequila um öS 22,–
Einrichtung & Atmosphäre: An einer Rückwand des Lokals hängen vier Fotos aus der „guten alten Zeit". Sie zeigen, was das Kaffeehaus in der Altgasse einmal war: Männer in schwarzen Gehröcken, Schnauzbärten und mit strengem Blick posieren vor dem Billard oder an den marmornen Kaffeehaustischen. Im Hintergrund sieht man die gediegene Holz-

vertäfelung und die stilvollen Leuchter des Cafés. Im Volksmund hieß es damals „Alt", nach dem Namen der Straße, in dem es liegt.

Heute ist hier vieles anders: Vor der langgezogenen Bar stehen Hocker, die ebensogut in eine Bauernstube passen könnten. Die Wände sind mit in Holz und Messing gerahmten getönten Spiegeln verkleidet. Das einzige, was vom alten „Alt" noch vorhanden ist, sind die gußeisernen Tischbeine. Die Tischplatten bestehen heute jedoch aus furniertem Holz. Hinter einem Plüschvorhang stehen weitere Reste des ehemaligen Cafés. Zwei Billardtische sind noch übriggeblieben. Ein Flipper und ein Fußballspiel sind dazugekommen. An den Kaffeehaustischen wird heute aber hauptsächlich Backgammon und Würfelpoker gespielt.

Publikum: bunt gemischt

Café Wunderer

Hadikgasse 62
Telefon 894 62 25
Montag bis Samstag 8.30 bis 24 Uhr, Sonntag 8.30 bis 20 Uhr
Billard

Zeitungen: österreichische Tageszeitungen, Neue Zürcher, Le Monde, FAZ
Speisen & Getränke: kleine Gerichte: Speckbrot (öS 26,–), Speck mit Ei (öS 50,–), Camembert gebacken (öS 55,–), Gemüselaibchen (öS 65,–); Hauptspeisen: Zander mit Knoblauchbutter und Kartoffeln (öS 125,–), Rumpsteak mit Kräuterbutter, Gemüse und Bratkartoffeln (öS 138,–)
Einrichtung & Atmosphäre: Das Wunderer ist eigentlich ein Billard-salon mit angeschlossenem Kaffeehaus. Beide sind jedoch von der fein-

sten Sorte. Drei große Turniertische mit reich verziertem Holz stehen im hinteren Teil des Lokals. Das Spiel mit den Banden wird hier nicht in einem Extrazimmer versteckt, sondern kann von den übrigen Besuchern mitverfolgt werden. Der Kaffeehausteil ist nur durch zwei Säulen und die Schank getrennt, die auch zugleich als Rezeption für die Spielanmeldung dient. Über eine Freitreppe gelangt man zu einem etwas höher gelegenen Raum, der von Schach- und Kartenspielern belebt wird.

Das ganze Lokal strahlt eher die Gemütlichkeit eines gutbürgerlichen Gasthauses aus. Selbst in dem Zeitungslesern und Kaffeetrinkern vorbehaltenen Teil sind die Tische stets säuberlich gedeckt. Die original belassene Holzvertäfelung ist in Dunkelbraun und Schwarz gehalten.

Publikum: Hietzings vornehme Gesellschaft ist hier zu Gast, gemischt mit Billardspielern jeder Schicht.

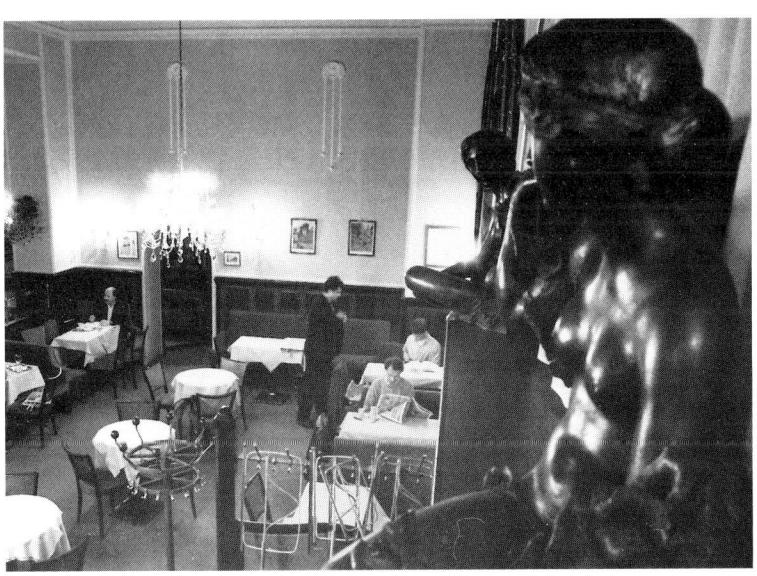

Café Weingartner

Goldschlagstraße 6
Telefon 982 43 99
Montag bis Sonntag 9 bis 24 Uhr
Billard

Zeitungen: österreichische Tageszeitungen, Bild
Speisen & Getränke: nur beschränktes Angebot: Schinken-Käse-Toast (öS 28,–), Frankfurter (öS 32,–), Käsekrainer (öS 38,–)
Einrichtung & Atmosphäre: Der Name des Cafés steht für seinen Stil. Heinrich Weingartner ist Billardeuropameister und oftmaliger österreichischer Meister. Er ist Besitzer eines Billardzubehörgeschäfts am Gürtel und Cafetier. Daß sein Kaffeehaus ein Billardcafé ist, liegt auf der Hand. Und dementsprechend sind auch die Schwerpunkte der Raumaufteilung im Weingartner: Im langgestreckten Teil stehen drei Turniertische hintereinander. Den nur an Kaffee oder Zeitungen interessierten Gästen ist der kleine Nebenflügel vorbehalten.

Beiden jedoch bietet das Weingartner original Wiener Kaffeehausatmosphäre. Und da das Lokal nur ein paar Häuserblöcke vom Gürtel entfernt liegt, ist diese hier sehr ursprünglich. Man will nicht mehr sein, als in die Umgebung paßt. Statt versiegelter Parketten wurde ein einfacher Bretterboden verlegt. Es stehen keine Thonet-Bugholzsessel herum, sondern schlichtere, aber genauso alte und stilvolle Stühle. Wie das Cafe gestaltet und eingerichtet ist, so ähnlich hat es bei seiner Eröffnung 1883 auch schon ausgesehen.

Publikum: vorwiegend Billardspieler der gehobenen Könnerstufen

Café Ritter

Ottakringer Straße 117
Telefon 46 12 53
Sonntag bis Freitag 8 bis 1 Uhr
Billard

Zeitungen: österreichische Tageszeitungen
Speisen & Getränke: beschränktes Angebot: Schinken-Käse-Toast
(öS 28,–), Gulaschsuppe (öS 31,–), Schinkenomelette (öS 48,–), belegte
Brote (mit Schmalz öS 13,–, Schinken öS 30,–)
Einrichtung & Atmosphäre: Das Ritter ist kein Kaffeehaus, sondern ein
Kaffeesaal. Es trägt seine Größe mit Stolz und Würde. Keine kleinen
Bildchen bedecken die hohen Wände. Kein fein gemusterter Stoff versucht
gemütliche Wohnzimmeratmosphäre in die Halle zu bringen. Im Gegen-
teil: Der schwarze Bretterboden, die knallroten Sitzbezüge, die hellgelben
Wände, und das alles in kaltes, grelles Neonlicht getaucht, vermitteln Exi-
stentialismus pur. Nur die übermalte Stukkatur an Decke und Wänden
läßt erkennen, daß hier kein Architekt seine Hand bewußt im Spiel hatte.

In der Mitte des Saals wird die klare Nüchternheit durchbrochen.
Ellipsenförmig geschwungen, drängt sich die Bar in den Raum. Dunkles
Holz verkleidet die üppige Rundung des Tresens. Die grünen, roten und
blauen Flaschen stehen vor einer verspiegelten Rückwand. Eine zu einem
Ring gebogene Neonröhre taucht alles in kaltes Licht. Das Ganze könnte auch in einem Kaffeehaus irgendwo in Rom stehen. Weit hinten im
großen Kaffeehaussaal herrscht Leben. Vorbei an vier Billardtischen gelangt man in einen großen, abgedunkelten Raum. Das Licht kommt hier
von einem Flipper und einigen einarmigen Banditen.
Publikum: Bunt gemischtes Vorstadtpublikum trifft hier mit jungen,
vielleicht einmal großen Intellektuellen zusammen. Ab und zu kann man
auch Wiens Bürgermeister Michael Häupl im Café Ritter antreffen.

Café Weidinger

Lerchenfelder Gürtel 1
Telefon 492 09 06
Montag bis Samstag 8 bis 1 Uhr, Sonntag 8 bis 1 Uhr; Billard

Zeitungen: österreichische Tageszeitungen
Speisen & Getränke: auf Toast und Frankfurter beschränktes Angebot, hausgemachte Mehlspeisen
Einrichtung & Atmosphäre: Das Weidinger ist so ziemlich die geschmackvollste Bahnhofswartehalle in Wien. Es finden darin auch mehrere Eisenbahnwaggons Platz. Coupés, in die sich der Reisende zurückziehen kann, gibt es hier nicht. Die Kaffeehaushalle ist offen. Wer gleich beim Eingang sitzt, kann zwei Waggonlängen weiter stadtauswärts die Billardspieler sehen. Von Ferne dringt auch noch ganz leise das Klicken der aneinanderprallenden Kugeln an das Ohr des Reisenden. Der Zug ist im Café Weidinger in den 60er Jahren abgefahren: Grauer Linoleumboden, zarte silberne Stahlrohrsessel mit braunem Plüsch bespannt. Die Vorhänge der Waggonfenster sind abwechselnd orange und gelb. Von der Decke hängen riesige Kugellampen.

Die eintönige Bahnfahrt wird von einigen bunten Farbflecken unterbrochen. Im kleinen Nebenflügel des L-förmigen Raumes hängen Bilder, sehr bunt, sehr kräftig und sehr abstrakt gemalt.
Publikum: Der Eingang zum Café Weidinger liegt am Gürtel, aber nicht an irgendeinem Teil, sondern am Lerchenfelder Gürtel. Und hier ist Ottakring zu Hause. Dementsprechend sitzen die Männer mit der rauhen Schale schon am Vormittag bei einer Partie Tarock oder spielen Billard. Frauen sieht man untertags im Weidinger eher selten. Am Abend bevölkern aber auch die Schönen der Nacht dieses Kaffeehaus sowie ein paar „Vorstadtintellektuelle", die sich vom richtigen, aber nicht grantelnden Obern professionelles Service angedeihen lassen.

Café Kalvarienberg

Kalvarienberggasse 25
Telefon 406 26 17
Montag bis Donnerstag 7 bis 4 Uhr, Freitag, Samstag 9 bis 4 Uhr,
Sonntag 13 bis 24 Uhr
Billard

Zeitungen: österreichische Tageszeitungen
Speisen & Getränke: Schinken-Käse-Toast (öS 25,–), kleines Gulasch
(öS 38,–); Mittagsmenüs um öS 40,– bis öS 60,–
Einrichtung & Atmosphäre: Im Kalvarienberg hat ein Innenarchitekt
seine Vorstellungen vom „modernen" Kaffeehaus verwirklichen dürfen.
Statt Stukkatur und verspielten Schnörkeln gestalten streng geometrische
Ornamente in hellem Holz und getöntem Spiegelglas den Raum. Die

Einrichtung ist von der Decke bis zum Boden durchdesignt. Helle Fliesen, Palmen und Plastikblumen prägen den Stil des Vorstadtcafés. Blaues Licht bestrahlt die Pflanzen. Fast meint man in einer Disko zu sein. Da dürfen pseudoabstrakte Bilder an den Wänden nicht fehlen. Zum Café der Moderne gehören natürlich auch Flipper, einarmige Banditen und ein Wuzler (Tischfußball) in einem Extrazimmer. Selbst die Billardtische im großen Seitenflügel sind jüngster Bauart.

Publikum: Die Jugend fühlt sich wohl in der modernen Atmosphäre. Cola-Rum und Zigaretten sind da gleich noch einmal so aufregend. Auch für die ersten Anbandelungsversuche paßt das Café: „Wüst mit mir flippern?" Sie wollte.

233

Café Max

Mariengasse 1
Telefon 486 31 02
Montag bis Samstag 8.30 bis 24 Uhr
Billard

Zeitungen: österreichische Tageszeitungen, Bild
Speisen & Getränke: Wurst in Essig und Öl (öS 35,–), Augsburger mit Röstkartoffeln (öS 38,–), Beuschel mit Serviettenknödel (öS 45,–), Rindsbraten mit Teigwaren (öS 70,–)
Einrichtung & Atmosphäre: Man fühlt sich wie in einem Zuckerl. Die Wände sind in einem Rosa gehalten, das nur die Chemie zusammenbringt. Entsprechend synthetisch ist auch der Stil der übrigen Einrichtung. Von der Decke (zitronengelb) hängen putzige Lampen mit Schirm-

chen in Glockenform. Vor den Fenstern hängen Spitzengardinen. In einer Kühlvitrine mitten im Raum drehen sich auf einem Glastablett Punschkrapfen.

Ihre Farbe paßt perfekt zu den Wänden. Erst wenn man genauer hinsieht, erkennt man, daß die Vertäfelung aus Holz und nicht aus Plastik ist. Läßt man sich genüßlich auf eine der mit geblümtem Stoff bezogenen Bänke fallen, vermeint man auf einem Holzbrett Platz genommen zu haben. Die Polsterung ist hauchdünn.

Publikum: Hier ist das tiefe Hernals zu Hause. Ältere Herren spielen an mehreren Tischen bedächtig Karten. Die jüngeren messen sich am Billardtisch.

235

Parkcafé

Dornbacher Straße 3
Telefon 46 34 89
Montag bis Donnerstag 9 bis 21 Uhr, Freitag 9 bis 18 Uhr,
Sonntag 11 bis 18 Uhr
im Sommer großer Schanigarten

Zeitungen: österreichische Tageszeitungen
Speisen & Getränke: Haussulz (öS 35,–), Augsburger mit Kartoffeln
(öS 56,–), Rindfleisch mit Kartoffeln und Apfelkren (öS 78,–), Wiener
Schnitzel mit Salat (öS 82,–)
Einrichtung & Atmosphäre: Das Parkcafé ist leicht zu übersehen. Auf
den ersten Blick ist es kaum von einem der anderen Einfamilienhäuser im
Dornbacher Cottage zu unterscheiden. Es liegt im untersten Stockwerk

eines einfachen, würfelförmigen Hauses. Sein Stil ist schlicht und schmucklos. Die Ligusterhecken des Schanigartens könnten ebenso einen gepflegten Garten verbergen. Doch dahinter verbirgt sich ein kleines, schon leicht heruntergekommenes Café im Stil eines Espressos der 50er Jahre.

Seine Einrichtung ist schlicht und unaufdringlich. Die Stimmung hier ist rauh, aber familiär. Wurzel, der Rauhaardackel des Hauses, beschnuppert die fremden Gäste und bellt, wenn sie sich unberechtigt auf seinen Stammplatz setzen. Sein Herrchen, der Cafetier, mag wiederum keine Gäste, die saures Schlagobers reklamieren: „Wenn's Ihnen bei uns net paßt, können S' ja auch woanders Ihren Kaffee trinken." Er ist ein harter Bursch und wilder Stürmer. Aus seinem Hobby macht er keinen Hehl: Über der Bar reiht sich Pokal an Pokal. Auf einer Messingtafel prangt der Name, für den sein Herz schlägt: C.F. Dornbach.

Publikum: Der Sportklubplatz liegt in unmittelbarer Nähe, und vor und nach jedem Match sind die Kickerfreunde hier zu Gast. Laut und flüssig werden dann die einzelnen Spielzüge nachgelebt – und selbstverständlich hätte es hier jeder besser gemacht.

Café Aumannhof

Währinger Straße 150
Telefon 470 21 81
Montag bis Samstag 7 bis 2 Uhr, Sonntag, Feiertag 9 bis 2 Uhr

Zeitungen: österreichische Tageszeitungen, Weltwoche

Speisen & Getränke: Tiroler Leber mit Pommes frites (öS 65,–), Tafelspitz (öS 75,–), Hühnergeschnetzeltes mit Früchtereis (öS 85,–), Landbayrischer Rostbraten mit Röstkartoffeln und Salat (öS 110,–), Filetsteak mit Karotten und Kroketten (öS 150,–)

Einrichtung & Atmosphäre: Das Aumannhof war einst ein etwas herabgekommenes, aber gemütliches Kaffeehaus. Jetzt ist es ein blitzblank und ordentlich renoviertes, aber ziemlich unpersönliches Lokal. Der Kaffeehausstil moderner Prägung hat hier wieder einmal zugeschlagen. Dunkel getönte Spiegel und streng geometrische Ornamente in hellem Kirschholz zieren das Lokal. Natürlich dürfen dabei die lila-türkisfarbenen Sitzbezüge nicht fehlen.

Publikum: Den Pensionisten scheint der neue Stil zu gefallen. Das Aumannhof wird von älteren Mensche gerne besucht – vielleicht auch nur aus sentimentaler Erinnerung.

Café Carambol

Kreuzgasse 56
Telefon 408 53 31
Montag bis Samstag 7 bis 4 Uhr, Sonntag 8 bis 2 Uhr
Billard, Schach

Zeitungen: österreichische Tageszeitungen
Speisen & Getränke: auf Toast und Frankfurter beschränktes Angebot
Einrichtung & Atmosphäre: Wie der Name unmißverständlich ausdrückt, dreht sich hier alles um den grünen Filz und die drei Kugeln. Und wenn die Gäste nicht gerade mit einem Queue hantieren, sitzen sie bei einer Partie Schach oder Karten. Das Café Carambol ist aber noch viel verspielter. Sein Besitzer muß ein Faible für Stofftiere haben. Sie hängen und liegen überall herum. In den Fensternischen knozt eine Ansammlung von fünf Riesenteddys. In den Regalen der Bar drängen sich rosa Plüschmäuse und graue Stoffhasen. Die bunten Kuscheltiere sind überall. Sogar an den Lampenschirmen baumeln Affen, Hasen oder Würmer.

Mit diesen „putzigen" Gesellen wird aber eine zwar schon etwas überkommene, jedoch als solche durchaus noch erkennbare original Wiener Kaffeehauseinrichtung verdeckt. Daß es ein Lokal mit Tradition ist, beweist eine schwarze Marmortafel an der vergilbten Blümchentapete: „Zur Erinnerung an den Besuch des großen Volks-Bürgermeisters Dr. Karl Lueger" steht darauf in goldenen Lettern geschrieben.

Publikum: bunt gemischtes Vorstadtpublikum, Billardspieler

Café Galerie Kipferl

Schulgasse 7
Telefon 405 82 14
Montag bis Freitag 7 bis 24 Uhr, Samstag 7 bis 14 Uhr

Zeitungen: österreichische Tageszeitungen, FAZ, Neue Zürcher
Speisen & Getränke: kleine Gerichte: Schinken-Käse-Toast (öS 28,–),
Rindfleischsalat (öS 45,–), griechischer Bauernsalat (öS 65,–); Hauptge-
richte: Fleischknödel mit Sauerkraut (öS 48,–), Berner Würstchen mit
Pommes frites (öS 53,–), Rumpsteak mit Pommes frites (öS 90,–); zehn
verschiedene Teesorten in der Kanne frisch aufgebrüht (öS 27,–)
Einrichtung & Atmosphäre: Das Kipferl ist ein kleines, einfaches Café.
Die gelben Wände sind zum Teil schon ziemlich verschmutzt. Auch die
braunen Sitzbezüge der Bänke haben schon einmal bessere Zeiten gese-

hen. Trotz der bescheidenen Umgebung gibt sich das Café kunstsinnig. Es beherbergt ständig wechselnde Ausstellungen von mehr oder weniger hoffnungsvollen Nachwuchskünstlern aus Fotografie und Malerei. Die Bilder an den Wänden sind der einzige Schmuck des Lokals. Wem sie gefallen, der kann sie direkt von dortweg erwerben. In einem großen Ständer in der Mitte des Cafés sind Mappen mit Werken vergangener Ausstellungen aufbewahrt. Meist sind es Aquarelle und naive Malerei.

Publikum: Zumindest während des Tages scheint das Publikum nicht gerade von der kunstliebenden Art zu sein. Kartenspiel oder eine Partie Schach wird bevorzugt. Und wenn wirklich einmal ein Thema die Gemüter bewegt, dann ist es die hohe Kunst des Autofahrens. Fahrschüler von der angrenzenden Fahrschule bevölkern ständig das Lokal. In Lerngruppen versuchen sie die hohe Kunst der Verkehrsregeln zu verstehen. Sehr zur Freude der Fahrlehrer. Für die gibt es nichts Schöneres, als unkundigen Hausfrauen die große Welt des automobilen Verkehrs näherzubringen. Frei nach dem alten Fahrschulmotto: „Schatzerl, i zag da, wia des im Auto funktioniert."

Café Michelbeuern

Kutschkergasse 1
Montag bis Sonntag 8 bis 2 Uhr
Billard

Zeitungen: österreichische Tasgeszeitungen
Speisen & Getränke: geröstete Knödel mit Ei und Salat (öS 45,–), Ćevapčići mit Pommes frites (öS 55,–), Berner Würstel mit Pommes frites (öS 55,–), Wiener Schnitzel mit Salat (öS 65,–), Pariser Schnitzel mit Salat (öS 68,–)
Einrichtung & Atmosphäre: Für ein Vorstadtcafé ist das Michelbeuern aufwendig und gefühlvoll renoviert worden. Die beiden Flügel des großen L-förmigen Lokals wurden in unterschiedlicher Art gestaltet. Der kleinere Raum wurde mit schwarzem Holz und blauer Wandbemalung durchgestylt. Die Vertäfelung ist mit goldenen Intarsien verziert. Im großen Hauptteil dominiert helles Kirschholz mit schwarzer Einlegearbeit. Jedes Detail ist liebevoll ausgeführt worden. Dennoch bleibt der Geruch des Neuen und Gekünstelten wohl noch lange in dem Lokal hängen, was nicht zuletzt mit den Slotmachines und der ständigen Musikberieselung zusammenhängt.
Publikum: Treffpunkt der Vorstadtjugend, die ein Café mit Diskomusik bevorzugt.

Café Schopenhauer

Staudgasse 1
Telefon 405 67 02
Montag bis Sonntag 9 bis 2 Uhr, Billard, Schach

Zeitungen: österreichische Tageszeitungen, Die Zeit, Weltwoche
Speisen & Getränke: Wiener Frühstück (öS 48,–), Ham and eggs (2 Eier, öS 42,–), Frankfurter mit Saft (öS 35,–), Knödel mit Ei (öS 58,–), Wiener Schnitzel mit Salat (öS 78,–), Zwiebelrostbraten mit Kartoffeln (öS 98,–)
Einrichtung & Atmosphäre: Der Philosoph kann zufrieden sein. Auch wenn der noch lange kein Qualitätskriterium für ein Kaffeehaus sein soll. Aber zumindest was die Zeitgemäßheit seiner Einrichtung betrifft, stimmt hier alles. Das Schopenhauer gehört zu den gediegensten, aber auch unaufdringlichsten Cafés der Stadt.

Der Besucher betritt das Lokal durch einen großen verglasten Windfang. Der erste Blick fällt auf eine gläserne Vitrine. In ihr wird der größte Schatz des Schopenhauer aufbewahrt: eine Kollektion von Trinkgläsern, die das Herz jedes Sammlers höher schlagen läßt.

Erst jetzt öffnet sich dem Betrachter das übrige Lokal. Im linken Flügel stehen Billard- und Kartentische. Rechts sind die Zeitungsleser, Kaffeetrinker und Plaudertanten zu Hause (zumindest im Schopenhauer).

Die gesamte Einrichtung tritt eher in den Hintergrund. Sie ist vollkommen unprätentiös, läßt vielmehr den Raum und seine Besucher wirken. Die Wandvertäfelung aus altem Kirschholz verzichtet auf Schnörksel und Verzierungen. Ein paar rechteckige Spiegel, spärlich verteilt, sind zumeist ungerahmt. Selbst die elfenbeinfarbene Tapete bleibt dezent in sich gemustert. Der einzige spärliche Protz in dem alten Kaffeehaus sind die wild gemusterten Sitzbezüge aus Englischleder – und die Sammlung alter Trinkgläser.

Publikum: Es sind zumeist junge Leute, die die gediegene Kaffeehausatmosphäre schätzen, hier zu Gast. Die wilden Männer tragen hier Schwarz oder Grau, die Haare lang und zu einem pomadisierten Zöpfchen frisert. Die Frauen sind cool und perfekt durchgestylt. An den Billard- und Kartentischen wird die Welt wieder ins Lot gerückt. Hier spielt die verbeulte Hose oft besser als die bürgerliche Krawatte.

A süaßer Traum…

… ist das Wien der Mehlspeisen und Zuckerwerke, der Schokogüsse und Waffeln, der Bomben, Kuppeln, Torten und Riegel. Das neue Buch „Das süße Wien" stellt die Wiener Süßigkeiten – vom Betthupferl bis zur Sachertorte – vor, porträtiert die Zauberer, die diese Wunderwerke hervorbringen, und beschreibt die Orte, an denen sich Menschen zusammenfinden, um sie zu konsumieren: Konditoreien, Confiserien, Restaurants und Eissalons. Zahlreiche Rezepte und Fotos machen dieses Buch zu einem „Muß" für alle Naschkatzen. „Das süße Wien" erhalten Sie in Ihrer Buchhandlung oder beim Falter Verlag (Tel. 0222/536 60-28).

Wornor Moicingor
Das süße Wien
216 Seiten, zahlreiche Farbfotos,
öS 348,–

Café Wilder Mann

Währinger Straße 85, Telefon 405 47 04
Montag bis Freitag 9 bis 19 Uhr

Zeitungen: österreichische Tageszeitungen, Neue Zürcher, FAZ, Süddeutsche
Speisen & Getränke: sehr beschränktes Angebot; Schinken-Käse-Toast (öS 33,–), Portion Schinken (öS 48,–), Schinkenomelette (öS 49,–)
Einrichtung & Atmosphäre: Ein Kaffeehaus mit diesem Namen muß eine Geschichte haben. Hat es auch – und der Cafetier erzählt sie gerne: Über dem Toreingang des Hauses Währinger Straße 85 steht eine seltsame Steinfigur: ein Mann, nur mit einem Fell bekleidet, der sich auf eine Keule stützt. Der Sage nach ist das ein gewisser Jörg Thalheimer. Er war Landsknecht während der Türkenkriege im 16. Jahrhundert. Als das christliche Heer von den Osmanen in der Schlacht bei Varna besiegt wurde, flüchtete er sich in den Wald. Bald plagten ihn Hunger und Durst. Da trat der Teufel auf. Wie es bei den Sagen mit dem Teufel nun einmal so zugeht, vermachte ihm der Landsknecht seine Seele. Dafür erhielt er einen Beutel Geld, der nie leer wurde, und die Verpflichtung, sich drei Jahre lang nicht zu waschen und nur ein Fell zu tragen.

Wie das in gutbürgerlichen Sagen nun einmal so ist, hielt der Junker sein Versprechen, bekam seine Seele zurück und durfte den Beutel Geld behalten. Und damit siedelte er sich – wo den sonst – in Währing an. Und deshalb heißt das Café eben „Wilder Mann".

Selbst wenn es heute ganz sanft hier zugeht. Es ist ein gutbürgerliches Café im Stil der 50er Jahre. Helle Wände und große verspiegelte Flächen dominieren die Einrichtung. Nur das Holz der Stühle wurde braun belassen. Windfang, Türen und Fensterrahmen sind schon weiß lackiert. Die ganz im Stil der wilden 50er Jahre gehaltene Bar ist mit braunem Leder tapeziert und mit unzähligen Messingnieten verziert.

Publikum: Der wilde Mann hat hier Lokalverbot. Man schätzt die vornehme Stille im Café. Die feinen Damen der Währinger Gesellschaft trinken nach ihrem Einkaufsbummel gerne ein Melangerl – und da wollen sie sich in Ruhe über ihre Erwerbungen unterhalten. Wildes Kindergeschrei ist unerwünscht. In nasalem Tonfall wird die Störung von einer vornehmen Dame kritisiert: „Der Bengel ist ja unerhört." Der Cafetier steht genauso unbewegt daneben wie der steinerne wilde Mann über dem Eingang.

Café Billroth

Billrothstraße 63
Telefon 368 14 81
Montag bis Sonntag 9.30 bis 2 Uhr
im Sommer Schanigarten

Zeitungen: österreichische Tageszeitungen
Speisen & Getränke: Schinkentoast mit Ei (öS 25,–), Ham and eggs (öS 40,–), Schinkenomelette (öS 50,–); Hauptgerichte: Bœuf Stroganoff (öS 90,–), Zürcher Geschnetzeltes (öS 95,–), Pfeffersteak, Rahmsauce und Pommes frites (öS 120,–)
Einrichtung & Atmosphäre: Das Café Billroth ist nicht viel größer als ein Wohnzimmer, aber eben eines in Döbling. Dort sind die Wohnungsgrößen halt ein wenig anders. Auch die Kaffeehäuser. Wände und Decke

sind mit dem gleichen dunklen Holz getäfelt. Manchmal unterbrechen Längs- und Querstreifen einer dunkelgrünen Plüschtapete die Orgie in Braun. Im Billroth fühlt man sich wie in einem skurrilen Jugendzimmer aus den 50er Jahren. Auf dem Querbalken über der Bar turnt Godzilla, ein großer schwarzer aufblasbarer Menschenaffe. Sehnsüchtig glotzt er auf die raumfüllende Plastikpalme. Der Rest des Lokals ist Einheitsware.

Publikum: Tout Döbling trifft sich hier, schließlich ist es das einzige zentral gelegene Kaffeehaus des Bezirks. Die hübschen höheren Töchter lernen hier am Nachmittag für die Schule. Und die feinen jungen Männer sitzen hier lässig bei ihrer ersten Zigarette. Sie lernen weniger für das Gymnasium. Sie studieren das Leben, das ja hauptsächlich aus holder Weiblichkeit besteht.

Salettl

Hartäckerstraße 80, Telefon 479 22 22
Montag bis Sonntag 6 bis 2 Uhr

Zeitungen: österreichische Tageszeitungen
Speisen & Getränke: hervorragender Milchrahmstrudel und andere frische Mehspeisen, gutsortierte Karte
Einrichtung & Atmosphäre: Kaffeehäuser müssen eigentlich mitten in der Stadt stehen, an einem großen Straßeneck am besten. Doch das Salettl liegt im Grünen, und noch dazu an einem der schönsten Flecken Wiens. Von einer leichten Anhöhe aus genießt man einen sagenhaften Blick über Döbling bis hin zum Kahlenberg. Das Salettl ist ein Kaffeehaus für bestimmte Jahreszeiten. Denn das kleine Pavillonhäuschen bietet nur wenige Fensterplätze mit dem sensationellen Ausblick. Im Frühjahr, Sommer und Herbst jedoch kann man vom Garten aus die ganze Pracht der Umgebung genießen – vorausgesetzt, man findet einen Platz.

Das Salettl ist mit Abstand einer der schönsten Plätze für ein gemütliches Frühstück am Wochenende. Das Lokal selbst und die Umgebung vermitteln das Gefühl gediegenen Großbürgertums, das gerne einen guten Milchrahmstrudel mit Blick über eine der teuersten Wohngegenden Wiens genießt.

Publikum: Hierher verirren sich selten ältere Leute. Das Salettl ist fest in der Hand der Jeunesse dorée. Naturgemäß hat die feine Döblinger Söhne- und Töchterschaft die Stammherrschaft in diesem Kaffeehaus übernommen. Man grüßt sich gerne laut und unüberhörbar mit leicht nasaler Stimme „Servus, wie geht's denn der Sofie? Na, und bist schon fertig mit dem Studium?"

Das finanzielle Standing der Besucher offenbart sich schon auf der Hartäckerstraße vor dem Eingang. Hier findet man nur hübsche kaviarschwarze Golfs, BMWs und die diversen Porsches und Mercedes vom Herrn Papa.

Café Falk

Wagramer Straße 137
Telefon 203 31 25
Montag bis Donnerstag 6 bis 2 Uhr, Freitag, Samstag 6 bis 4 Uhr
Schach

Zeitungen: österreichische Tageszeitungen
Speisen & Getränke: kleine Gerichte: Preßkopf mit Zwiebeln (öS 24,–), Schinkenbrot (öS 26,–), Haussulz (öS 28,–) Schinkenrolle (öS 40,–); Hauptgerichte: Hamburger mit Pommes frites und Salat (öS 72,–), Wiener Schnitzel (öS 88,–), Grillteller (öS 92,–)
Einrichtung & Atmosphäre: Das Falk tanzt am Rande der Stadt und am Rande der Kaffeehauskultur. Die rosa Vorhänge und der Billardtisch sind die einzigen verbliebenen Attribute dieses Stils. Die raumfüllende Bar, die mit Resopal furnierten Tische und die in die Decke versenkte Beleuchtung stammen schon aus einer neuen Welt. Aber in einem Vorstadtbezirk sehen Kaffeehäuser eben anders aus. In Kagran gehören dunkel getönte Rauchglasspiegel, wild gemusterte Sitzbänke und Plastikblumen einfach dazu. Genauso wie der Keller, in dem die Jugend des Bezirks sich abends bei bunten Cocktails trifft.
Publikum: In der Ecke sitzt eine alte Frau stundenlang bei einer Schale Kaffee zwischen mehreren leeren Gläsern. Nicht solchen, aus denen man Wasser, sondern aus denen man Schnaps trinkt. Sie ist die einzige, die hier in Ruhe Zeitung liest. Um sie herum wird laut gelacht. Das Falk ist ein Treffpunkt der Jugend. Wer über 30 ist, wirkt hier sehr alt.

Alphabetisches Register